An dich, den Leser dieses Buches!

Einst, vor vielen Jahren, entschied sich ein Licht im Universum, auf den Spielplatz Erde zu kommen und hier das Spiel der Erfahrungen mitzuspielen. Dieses Licht war das Bewusstsein Gottes auf einer individuellen Reise – DU!

Du wolltest erfahren, wie es sich anfühlt, in der Begrenzung zu leben. Also suchtest du dir deinen Namen und deine Mitspieler aus und gabst ihnen dein Drehbuch mit. Es war ein Buch voller Lektionen – wundervolle Aufgaben, die dir ermöglichen sollten, daran zu wachsen und stark zu werden. Damit du ALLES sein kannst, was DU bist.

Du kamst jedoch auch mit einem bestimmten Auftrag hierher. Ein Auftrag, den du dir ebenfalls selbst gegeben hattest: Du wolltest bei der Entstehung einer Neuen Realität mitwirken ... einfach durch dein Da-Sein. Und du wolltest noch etwas, was du noch niemals vorher in einem Körper geschafft hattest:

Du wolltest in der Begrenzung erkennen, dass du Gott bist!

Wenn du beginnst, Gott nicht mehr im außen zu suchen, sondern IN DIR selbst, dann machst du hier ein paar Schritte – vielleicht deine ersten – auf deinem Weg dorthin.

Ich wünsche dir viel Freude und viele Erkenntnisse beim Weiterspielen und Experimentieren, beim Erschaffen deiner Realität und beim Einfach-Nur-Sein im JETZT!

DU kamst mit dem Wissen um die Gesetze der Schöpfung hierher – deiner Schöpfung – sei dir dessen einfach nur immer bewusst.

Schön, dass DU da bist!

Die Autorin stellt sich vor

Mein Geburtsname ist Monika, genannt wurde ich meistens nur Moni. Während des Schreibens dieses Buches änderte sich mein Name und ich wurde Jona Mo. Erst verstand ich es nicht, doch dann wurde mir mitgeteilt, dass dieser Name die Verbindung meines menschlichen mit meinem Göttlichen Selbst bedeutet – und dass meine jetzige Arbeit in dieser Verbindung geschieht, sowohl beim Schreiben als auch beim Malen meiner Bilder.

Seit meiner Kindheit hat mich die Frage nach dem Sinn meines Lebens beschäftigt. Meine Mutter erzog mich sehr katholisch, doch für mein Gefühl konnte ich Gott in keiner Kirche finden und so kehrte ich ihr mit 30 Jahren den Rücken.

Meine Suche ging weiter. Sie führte mich durch viele Lebens- und Sinnkrisen hindurch. Ich lernte esoterische Praktiken kennen, mit denen ich allerdings nie so richtig glücklich wurde. Bis ich 1999 an einen geistigen Lehrer kam, durch den ich erkannte, dass ich Gott nur in mir selbst finden konnte.

Von da an schlug mein Leben eine neue Richtung ein. Nicht nur lebenslange Allergien meines Körpers verschwanden – bis heute –, sondern mein bis dahin sehr schwaches Selbstbewusstsein erlebte eine völlige Verwandlung. Ich wurde mir tatsächlich meines – göttlichen – Selbst bewusst und damit der alleinigen Verantwortung für mein eigenes Leben.

Diese göttliche Führung in sich selbst zu erfahren und das damit verbundene Glücksgefühl und Erfolgs-ERLEBEN auch anderen Menschen zu vermitteln, ist seitdem zu meiner großen Lebenspassion geworden.

Zahlreiche wunderbare Kontakte sind seitdem entstanden, die alle mein Leben bereichert haben. Wenn du Lust hast, kannst du mich auf meiner Seite gott-in-dir.de im Internet besuchen oder mit mir zusammen in einem Seminar mehr Freude in dein Leben bringen. **Ich freue mich darauf, DICH kennen zu lernen!**

Jona Mo

Wie dieses Buch entstand

1998 begann ich diese Geschichte zu schreiben – noch nicht ahnend, dass sich mein Leben in der kommenden Zeit komplett verändern würde. Damals hatte ich noch keine Ahnung von Neuer Energie. Zunächst ergriff mich einfach nur dieser innere Drang zu schreiben – zunächst bis zum Ende von Teil II.

Es folgte eine lange Pause, bis sich die Aufforderung für die Fortsetzung des Buches 2001 ganz plötzlich und unerwartet in mir meldete. Es entstand ein innerer Dialog, der einfach aus mir heraus wollte – und so ist es bis heute geblieben.

Alles was ich seitdem schreibe, wird von einer Energie begleitet, die ich selbst nur als göttlich bezeichnen kann. Es handelt sich hier nicht nur um Informationen, die durch Worte vermittelt werden. Es ist viel mehr als das. Bevor mich die Worte erreichen, fließen die Erkenntnisse in mich ein. Es ist jedes Mal wie ein kleiner Quantensprung für mich. Alles ist mir plötzlich so klar und absolut (be)greifbar. Es vermittelt mir tatsächlich das Gefühl, als hätte ich es in der Zwischenzeit nur vergessen – in diesem Spiel des Menschseins auf der Erde.

Ich kann heute sagen, dass das Bewusstsein, auch Gott zu sein, vieles IN mir verändert hat – und ebenfalls in meinem gesamten Leben. Die Entscheidung für die Neue Energie verlangte von mir gewissermaßen einen Sprung ins Leere. Doch in dem Moment, als ich den Mut dazu hatte, empfing mich so etwas wie ein neuer sicherer Raum. Er entstand von ganz alleine und war nur ... eine klare Wahl entfernt.

Seitdem ist mein Leben um vieles einfacher geworden. Alles entsteht im JETZT, in diesem wahrhaft göttlichen Augenblick. Ja, es ist gewöhnungsbedürftig, in und mit der Neuen Energie zu arbeiten und zu leben ... dieses Vertrauen zu entwickeln, dass alles Passende im richtigen Moment vor mir steht. Deshalb habe ich oft überlegt, ob ich nicht lieber zurück will in meine alte Welt, in der alles so planbar, so überschaubar war. Doch meine innere Entscheidung war längst gefallen, und so musste ich wohl einige Male auf ziemlich schmerzhafte Weise erkennen, dass mit den alten Methoden nichts mehr funktionierte.

Heute kann ich sagen, dass ich es nicht bereue, diesen Schritt gewagt zu haben. Ganz gleich um was es in meinem Leben geht. Ich habe mich inzwischen daran gewöhnt, ohne Agenda – ohne genaue Zielvorstellungen – zu leben. Auch daran, meine Seminare vollkommen aus dem JETZT entstehen zu lassen und ihre eigene Dynamik zu erleben, die sie dadurch entwickeln können. Die Resultate jeder von mir umgesetzten neuen Eingebung begeistern mich immer wieder. Ebenso wie meinen Verstand, der mir früher sehr oft zur Vorsicht geraten hatte und mich heute nur begeistert sagen lässt: „Es ist einfach genial!“ Die Seminare entwickeln sich selber, ohne wie früher kontrollieren zu müssen: die Termine, die Zusammenstellung der Teilnehmer ... die Struktur, die Inhalte.

Leben in der Neuen Energie heißt ständige Veränderung. Nichts bleibt so, wie es gerade ist. Alles ent-wickelt sich. Und das ist gut so, denn sonst wäre dieses Spiel schnell langweilig. Die wundervollste Veränderung in meinem Leben ist diese Leichtigkeit, mit der die Dinge laufen können ... wenn ich sie nur lasse.

Wie es mit dem Leben in der Neuen Energie weitergeht? Du wirst es erfahren ... im nächsten Buch oder vorher im Internet auf meiner Seite

www.gott-in-dir.de

Ich wünsche DIR, dass DU DICH in diesem Buch ... meiner persönlichen Reise in die Neue Energie ... und in den Botschaften von Gott zu Gott wiederfindest ... dass DU DICH an DEIN wahres Zuhause erinnerst ... das gerade dabei ist, zu DIR zurückzukehren.

Ein paar Worte zum Inhalt

Das Buch beginnt mit einer alltäglich scheinenden Geschichte. Eine Frau in der Mitte ihres Lebens bemerkt eines Morgens nach dem Aufwachen, dass ihre Welt nicht mehr die gleiche ist, die sie bisher erlebt hatte. Zuerst sind es nur kleine Dinge, doch mit der Zeit fragt sie sich, ob das, was sie da erlebt, so etwas wie parallele Realitäten sind. Jeder Tag wird zu einem neuen Erlebnis, denn keiner ist wie der andere.

Als sie in ihrer Ratlosigkeit und Verzweiflung höhere Wesen um Hilfe bittet, meldet sich auf einmal jemand mit ihrer eigenen Stimme.

Auf ihre verwunderte Frage nach der Herkunft dieses Wesens antwortet dieses zu ihrer Verblüffung: „ICH BIN DU!"

Von nun an spürt sie das Wiedererwachen einer wunderbaren neuen und gleichzeitig alten Verbindung – der Verbindung mit ihrem Wahren Selbst, dem göttlichen Teil in ihr, der lange Zeit auf diesen Augenblick der Verschmelzung gewartet hatte.

Die Erkenntnis in ihr, wie Alles mit Allem verbunden ist, wird immer klarer und sie erlebt durch ein neues Bewusstsein den Eintritt in eine ihr völlig unbekannte, selbst geschaffene neue Welt: Die Verbindung vom ICH zum DU, mehr noch, von Gott zu Gott, ist geschaffen!

Durch diese immer stärker werdende göttliche Rück-Verbindung und die außergewöhnlichen Selbst-Gespräche reist sie zunächst durch verschiedene Realitäts-Welten. So erfasst sie nach und nach das wahre Wesen von Allem-Was-Ist bis zum Gefühl wahrhaftigen Eins-Seins.

Ein Buch mit vielen Bewusstseins-Momenten, das den Leser mit seinen einfachen Erkenntnissen überrascht! Beispiele aus der Praxis bilden hierzu eine ideale Ergänzung, denn sie sind für den Leser nachvollziehbar, erlebbar.

Durch die einfache und manchmal sogar fast kindlich anmutende Ausdrucksweise des Göttlichen IN UNS wird dieses Buch zu einem leicht verständlichen Reiseführer in die Neue Energie. Es ist das Kind – die Seele, ja auch das Göttliche – in uns allen, das hier angesprochen wird und ... das diese Sprache versteht.

Ein Buch für jeden, der sich auf die Reise zu sich selbst begeben will.

TEIL I: „ICH BIN DU“

Ein Tag wie jeder andere?

Es ist November. Einer dieser ohnehin schon grauen Tage, an denen ich eigentlich gar nicht aufstehen mag. Nun, was soll's. Gehen wir's mal wieder an.

Mein geliebter Seelenpartner Peter befindet sich schon in der Küche. Das weiß ich deshalb, weil der Kaffeeduft schon bis zu mir vorgedrungen ist, durch alle Ritzen hindurch. Mmh – Kaffee – das ist es, was mich jetzt endgültig aus den Federn treibt.

Nun, mich selbst wirst du in diesem Buch noch kennen lernen. Ich heiße Moni. Mehr ist im Augenblick nicht wichtig.

Heute ist, wie gesagt, einer dieser grauen Novembertage, eigentlich ein Tag wie jeder andere. Wir sitzen mittlerweile beim Frühstück und sind heute ausnahmsweise nicht so gesprächig wie sonst. Jeder von uns hängt seinen eigenen Gedanken nach.

Ich spüre, dass heute irgend etwas anders ist als sonst – nur was, das habe ich bis jetzt noch nicht herausgefunden.

Gestern Abend hatten wir ein sehr ausgiebiges Gespräch über Peters Unzufriedenheit mit seiner Arbeitsstelle. Vielleicht beschäftigt ihn das ja immer noch... Allerdings würde dazu seine Ausstrahlung der absoluten Gelassenheit und Freude überhaupt nicht passen.

„Peter, weißt du, ich habe mir so meine Gedanken über unser Gespräch von gestern Abend gemacht. Meinst du nicht, dass du alles viel zu schwer nimmst? Vielleicht solltest du doch auf dein Gefühl hören und einen Neuanfang wagen. Ich denke, es wird sich schon alles finden, wenn du einfach nur Vertrauen hast. Haben wir das nicht in unserem bisherigen Leben immer wieder erfahren?“

Eigentlich staune ich über meine Worte, denn ich höre mich Dinge sagen, die ich für mich selber noch nicht so ganz verinnerlichen kann.

Wer sich von uns beiden allerdings mehr wundert, weiß ich nicht, denn Peter schaut mich an, als wäre ich oder er gerade vom Himmel gefallen.

„Könnte es sein, Moni, dass du noch nicht so ganz wach bist? Das, was du mir da gerade vorschlägst, ist doch schon längst nicht mehr aktuell. Nun bin ich schon seit zwei Wochen zu Hause und du hast es noch nicht bemerkt? Die Sache mit meinem Kollegen Herbert ist doch längst ausgestanden. Sonst merkst du doch auch immer sofort, wie es um mein Seelenleben steht. Und dem geht es seitdem absolut spitzenklasse! Oder muss ich dir das vielleicht erst beweisen?“

Peters unglaublich gute Laune ist mir immer noch ein Rätsel. Und so langsam denke ich, ich bin im falschen Film.

„Jetzt mach keine Witze, Peter, dazu fehlt mir im Moment der Humor. Ich kann doch unmöglich so lange geschlafen haben, dass ich das verpasst habe! Ich weiß genau, dass wir gestern Abend noch über die Möglichkeit gesprochen haben, wie es wäre, wenn ...“

Nein, es kann einfach nicht sein, dass ich nichts davon weiß – und ich höre mich murmeln: „Höchstwahrscheinlich träume ich noch und merke es nicht einmal. Ja, genau das muss es sein, denn in der letzten Zeit träume ich immer wieder sehr realistisch und merke erst beim Aufwachen, dass es ein Traum war.“

„Nein, mein lieber Schatz, du träumst diesmal sicher nicht. Ich weiß zwar nicht, was deinen Gedächtnisverlust bewirkt hat, aber es ist hoffentlich nur vorübergehend und dir wird der fehlende Teil schon noch einfallen. Alzheimer wird's schon nicht sein... Verzeihung, war nur ein Spaß.“

Peter ist wirklich ungewöhnlich heiter. So habe ich ihn selten erlebt – obwohl ich mir natürlich immer wieder gewünscht habe, dass er sich genau dahin entwickelt.

Mein Gefühl kann ich einfach nicht beschreiben, da ich es mit keinem bisher gewesenen vergleichen kann. Alles ist auf einmal anders. Von einem Tag auf den anderen. Ich fühle einfach, dass nichts mehr so wie gestern ist.

Dass die Zeit immer schneller läuft, habe ich ja schon einigermaßen verinnerlicht, doch dass sie so schnell vergeht, habe ich mir nun auch wieder nicht vorgestellt.

Peter wird mich sicher darüber aufklären können, was mit mir los ist. Ich spüre jedenfalls, dass er ein paar fehlende Teile ergänzen kann. Ich bin immer noch der Meinung, einem Gedächtnisausfall anheim gefallen zu sein.

„Peter, nun mal ganz langsam zum Verstehen für mich: Sag mir doch einfach, was du so im Moment machst, wie du dich fühlst. Vielleicht füllt sich meine Erinnerungslücke dann wieder und ich sehe etwas klarer.“

„Also, Moni, mein geliebtes Herzblatt.“ Immerhin nennt er mich noch genauso wie vorher, was mir etwas Vertrautes vermittelt. „Nachdem du mich in unserem Gespräch vor zwei Wochen dazu ermutigt hattest, die Mitarbeit in der Praxis meines Kollegen zu beenden und einfach voller Vertrauen auf meine innere Stimme zu hören, habe ich das endlich getan. Ich bin dir übrigens sehr dankbar dafür, denn dadurch habe ich nun mein eigenes Gefühl wiedergefunden, was mir genau sagt, ob das, was ich tue, für mich gut ist oder nicht. Mein Leben fängt an, in ganz anderen Bahnen zu verlaufen. Plötzlich öffnen sich geistig völlig neue Wege für mich, an die ich vorher niemals gedacht hätte.

Ich habe es ja bisher nur selten ausprobiert, meinem Herzen zu folgen. Und nun kann ich dir sagen, dass es die einzige Möglichkeit ist, deinen eigenen Weg wirklich zu finden. Und zwar den, den du dir für dieses Leben vorgenommen hast. Ohne Wenn und Aber. Das ist der wahre Schlüssel zum echten Glück.“

Ihr könnt mir glauben, dass ich einfach nur sprachlos bin, dass ich meinen geliebten Peter so noch nie so habe reden hören. Bisher schleppte er ziemlich schwer an seinen Altlasten, fühlte sich für alles und jeden verantwortlich, machte sich ständig Vorwürfe, etwas nicht getan zu haben und litt ständig unter Schuldgefühlen.

Sicher – es gab es auch Momente der Freude bei ihm. Doch sie wurden meist von irgendwelchen Sorgengedanken schnell ins Abseits gedrängt.

Eigentlich hatte sich die Situation nun umgekehrt. Meine stets positive Geisteshaltung weicht immer mehr einem sich drehenden Wirbel irgendwelcher Gedankenstrukturen.

Könnt ihr mir an dieser Stelle noch folgen? Wirklich?

Nun, dann gehen wir jetzt zusammen in eine Welt voller Geheimnisse: die Welt IN uns.

Ich weiß nicht, was uns dort erwartet, doch mysteriöser als bisher kann es ja nicht mehr werden – oder vielleicht doch?

Was ist Wirklichkeit?

Es ist immer noch der gleiche Tag und mittlerweile haben sich sogar die ersten Sonnenstrahlen hervorgewagt. Es ist, als wollten sie mich aufmuntern und ein wenig Licht in meine Unklarheit bringen.

Plötzlich reißt mich unsere Haustürklingel jäh aus meinen tiefsten Gedanken. Da Peter gerade unabkömmlich ist, gehe ich zur Tür. Draußen steht unsere junge Nachbarin von gegenüber und entschuldigt sich für heute Abend.

„Grüß dich, Moni. Du siehst aber gar nicht gut aus. Kann ich dir irgendwie helfen? Eigentlich wollte ich nur Bescheid sagen, dass es heute Abend mit meinem Besuch bei euch doch nichts wird. Ich brauche einfach noch ein bisschen Zeit und Ablenkung ist nun mal nicht die Lösung. Macht euch um mich keine Sorgen, das wird schon wieder. So wie du aussiehst, könnte dir ein wenig Ruhe auch nicht schaden. Vertagen wir unser Gespräch einfach auf irgendwann. Ich wünsche dir auf jeden Fall gute Besserung."

Ich bin momentan sprachlos, was schon ein äußerst seltener Zustand ist, und kann nur „Mmh, danke, dann bis später" murmeln.

Was mich so sprachlos macht, ist die Tatsache, dass wir bisher nie Kontakt mit den Krauses hatten. Sie leben sehr zurückgezogen und über ein sehr freundliches „Grüß Gott" sind wir nie hinaus gekommen. Außerdem – warum sagt Frau Krause plötzlich du zu mir? Ach ja, und nun fällt mir noch etwas auf: War sie eben nicht ganz in Schwarz gekleidet? Das sollte nicht weiter ungewöhnlich sein, denn schwarz ist ja schließlich gerade eine der aktuellsten Modefarben. Ungewöhnlich daran ist nur die Tatsache, dass ich Frau Krause nur in den schönsten Farben gekleidet kenne und ihren Geschmack immer heimlich bewundert habe.

Peter taucht plötzlich wie aus dem Nichts vor mir auf und schaut mir liebevoll in die Augen. „Na, was sagt Elke? Kommt sie heute Abend doch nicht zu uns? Ich hatte es schon im Gefühl, dass sie noch nicht so weit ist. Na ja, sie hat alle Zeit der Welt und es ist ihre eigene Entscheidung, wann sie darüber reden will."

Langsam wache ich aus meinen Gedanken wie aus unergründlichen Tiefen auf. „Wie – reden? Worüber? Überhaupt, seit wann sind wir beim du? Oder habe ich da schon wieder was verpasst?"

„Ach ja, stimmt, das weißt du wahrscheinlich auch nicht. Also, dann erzähle ich dir kurz die Story: Vor knapp zwei Wochen wurde Herr Krause in einen Autounfall verwickelt und verstarb noch an der Unfallstelle. Sicher kannst du dir vorstellen, wie es Elke bzw. Frau Krause nun alleine mit ihren drei Kindern geht. Wir kamen gleich danach ins Gespräch und ich merkte, wie gut es ihr tat, alles einfach mal aus sich herauszulassen. Sie wunderte sich selber über die Offenheit mir gegenüber. Wir beide haben mit ihr nach der Beerdigung noch lange bis in den Abend hinein zusammengehockt und über die wahre Bedeutung des Todes gesprochen. Dies hat sie mehr getröstet als alle Beileidsbekundungen, die sie über sich ergehen lassen musste. Wir fühlten uns sofort verbunden, so als würden wir uns seit ewigen Zeiten kennen und mussten durch dieses Ereignis wieder zueinander finden. Das ‚Du' kam wie von selbst, und so blieben wir dabei. Heute Abend wollten wir unser Gespräch eigentlich fortführen. Nun, soll wohl noch nicht sein. Es wird schon der richtige Zeitpunkt kommen."

Ich begreife nun wirklich gar nichts mehr. Warum hat sich anscheinend nur meine Wirklichkeit verändert? Warum ist für mich vieles so, wie es vorher war, doch einiges so völlig anders? Was geschieht hier gerade mit mir? Sollte ich dadurch schon wieder irgendetwas lernen? Und wenn ja – was? Gewiss, in letzter Zeit hatte ich einiges über Parallelrealitäten und andere Dimensionen, Zeittore und dergleichen gelesen. Doch Theorie und Wirklichkeit sind immerhin zwei paar Schuhe.

Viele Fragen geistern durch meinen Kopf, doch keine bringt mich der Wahrheit irgendwie näher. Es scheint, als würde sich das Durcheinander nur noch intensivieren, je mehr ich meinen Verstand bemühe, um eine Lösung zu erringen.

Vielleicht wache ich morgen auf und alles war nur ein Traum.

Doch was ist Traum – und was Wirklichkeit?

„ICH BIN DU“

Es schneit ganz leicht und leise auf die Fensterscheiben unserer Dachwohnung, als ich meine Augen nach einer langen traumlosen Nacht öffne.

Ich stehe auf, öffne vorsichtig das bereits mit Schnee bedeckte Schlafzimmerfenster, und da fällt mir auch schon ein kleiner Haufen der weißen Pracht mitten ins Gesicht. Na, das ist ja eine Begrüßung heute morgen. Die perfekte kalte Dusche – direkt vom Himmel geschickt.

Danke – jetzt bin ich völlig wach!

Es ist einfach herrlich! Alles ist überzogen mit einer reinen, unberührten weißen Schicht, die wie Watte aussieht. Mir wird innerlich richtig warm ums Herz und ein weihnachtliches Gefühl steigt in mir auf. Ach, wie ich das liebe ...

Langsam kommt auch die Erinnerung an gestern wieder zurück. Jedenfalls an das, was ich noch dafür halte. Zugleich steigt so ein eigenartiges Gefühl in mir auf, dass mir heute die Lösung für meine Fragen präsentiert werden wird, und zwar auf eine sehr ungewöhnliche Weise.

Voller Neugierde begebe ich mich nun auf Entdeckungsreise. Vorsichtig stecke ich meinen Kopf aus der Schlafzimmertür und sehe mich um. Im Flur sieht schon mal alles so aus, wie ich es bisher kenne. Sollte ich das, was ich vermeintlich für Gestern halte, doch nur geträumt haben?

Nun, sehen wir weiter – erst mal ins Badezimmer. Auch darin fällt mir auf den ersten Blick nichts auf, was sich meinem Erinnerungsvermögen entziehen würde. Also gut, lass ich erst mal eine warme wohlige Dusche über mich ergießen. Dann sieht alles schon ganz anders aus.

Wenig später steige ich aus der Dusche, trockne mich ab und wundere mich plötzlich, dass ich meinen geliebten Peter an diesem Morgen noch nicht begrüßt habe. Das hat es ja noch nie gegeben! Mein erster und mein letzter Gedanke an jedem Tag, den wir bisher zusammen verbracht haben, hatte mit ihm zu tun. Und erst jetzt fällt mir auf, dass wir uns heute morgen überhaupt noch nicht gesehen haben! Hat das vielleicht auch wieder eine Bedeutung, die ich noch nicht kenne?! Ich mag lieber gar nicht weiterdenken...

Schnell beende ich mein tägliches Badezimmerritual und erkunde unsere Wohnung weiter. Ich weiß, es hört sich seltsam an, aber ich muss mich auch erst daran gewöhnen, dass die vertrauteste Umgebung die größten Überraschungen bereit halten kann.

Im Wohnzimmer angekommen, stelle ich fest, dass ich noch immer ganz allein in der Wohnung bin. Langsam wird mir das Ganze unheimlich, denn auch dort ist nichts Unbekanntes zu entdecken, außer der Tatsache, dass niemand außer mir anwesend ist. Ich reiße erst mal gedankenverloren das Kalenderblatt ab und schaue auf das Datum: Es ist Sonntag, der 2. Advent, natürlich im Dezember!

WAS??? Wie kann das sein? Ich bin am 19. November schlafen gegangen?! Was war in der Zwischenzeit? Wieso fehlt mir diesmal fast ein ganzer Monat? Warum hat sich sonst nichts verändert, außer dass ich an einem Sonntag morgen ganz alleine bin?

Nein, nach einem Kaffee und frischen Brötchen ist mir jetzt gar nicht mehr zumute. Ich fühle mich nur ganz einfach verlassen und einsam in einer mir unverständlichen Welt. Ich komme mir vor wie ein einziges Fragezeichen und mir fällt dazu nur noch eine Lösung ein – und ich flehe zum Himmel: „Falls es irgendein göttliches Wesen oder einen Engel in meiner Nähe gibt, bitte hilf mir, das alles zu verstehen!"

„Nun, wenn du mich gerufen hast, bin ich doch bis jetzt immer gekommen, oder?!"

Was ist das? Plötzlich höre ich eine *Stimme*, obwohl ich niemanden sehe, der mit mir gesprochen haben könnte.

„Ja, du hast richtig gehört. Du hast mich doch gerufen? Und nun bin ich da."

„Wie – da? Wer ist da? Ich sehe niemanden. Du kannst demzufolge auch nicht da sein!" Ich glaube, jetzt werde ich völlig verrückt.

„Ja, immerhin hast du es schon erkannt. Du bist ein wenig verRÜCKT", spricht die *Stimme* einfach weiter. „Aber mach dir nichts draus. Oder möchtest du lieber weiter in Zeit und Raum feststecken starr und steif? Ohne die geringste Bewegung?"

„Das verstehe ich nicht", gebe ich einfach zurück. „Was heißt hier feststecken in Raum und Zeit? Wer bist du eigentlich und was weißt du über mich?"

„Ich weiß alles über dich. Einfach alles. Es gibt nichts, das du mir verheimlichen könntest. Nicht das Geringste. Denn ICH BIN DU!"

Jetzt erst fällt mir auf, dass mir die *Stimme* sehr vertraut vorkommt, so als wäre es meine eigene. Meine eigene? ES IST MEINE EIGENE!!!

„Wenn du schon alles weißt, dann kannst du mir sicher auch erklären, wieso ich dich hören kann, aber nicht sehen? Warum ich eine Stimme höre, die wie meine klingt, es aber unmöglich sein kann? Was ist überhaupt mit mir passiert? Kannst du mir all das mal erklären?“

„Ganz einfach“, folgt die verblüffende Antwort. „ICH BIN DU.“

„Ach ja“, gebe ich amüsiert zurück, und das Spielchen beginnt mir allmählich Spaß zu machen. „Hatte ich ja vergessen. Du bist ich oder ich bin du. Ja, was auch immer. Egal, ich verstehe es trotzdem nicht. Wieso existiere ich anscheinend zweimal und kann mich zudem auch noch selber hören?“

Meine *Stimme* spricht weiter in Rätseln: „Hättest du keinen Verstand, der dir immer wieder im Wege steht, würdest du diese Fragen nicht stellen. Dann wäre alles viel leichter für uns beide. Du musst wissen, dass meine Antworten erst über deinen Verstand wie durch einen Filter laufen müssen, bevor sie dein Herz erreichen. Natürlich kommt dann nur noch ein Bruchteil von dem an, was ich dir sonst gar nicht erst sagen müsste. Denn du würdest einfach – verstehen.“

„Das verstehe ich nicht!“

„Siehst du. Du brauchst eine Erklärung für die Erklärung. So ist es meistens auf eurer menschlichen Ebene. Du versuchst mit deinem Verstand alles in kleine Puzzlestücke zu zerlegen, die du dann sorgsam wieder zusammenlegst, um das Ganze zu verstehen. Warum nimmst du nicht einfach gleich das Ganze und schaust es dir an? Kannst du jetzt verstehen, was ich meine?“

Zumindest ansatzweise beginnt mir zu dämmern, was die *Stimme* meint. Doch immer, wenn mein Verstand gerade denkt: „Jetzt hab ich's!“, dann ist es plötzlich wieder wie vom Winde verweht.

„Tut mir leid, ich denke, Gott hat uns den Verstand gegeben, um ihn auch zu gebrauchen. Denn sonst hätten wir ihn ja nicht. Schließlich kann ich ihn nicht ausschalten, so als ob man auf einen Knopf drückt und weg ist er. Vielleicht sagst du mir einfach erst einmal, wer du wirklich bist?“

Die *Stimme* erklärt mit großer Geduld weiter: „Ich bin du in einer viel umfassenderen Weise, als du es dir im Moment noch vorstellen kannst. Stelle dir fürs Erste einfach vor, du befindest dich in einer

Seifenblase. Ich bin diese Seifenblase und du lenkst mich mit deinen Gefühlen. Ist diese Erklärung für dich einfach genug?"

„Nun ja, darunter kann ich mir zumindest etwas vorstellen. Heißt das, dass du vielleicht das bist, was ich unter meinem ‚Höheren Selbst' kenne? Nein, kennen wäre zu viel gesagt. Aber du weißt sicher, was ich meine. Manche nennen dich auch Innere *Stimme*, Gefühl im Bauch oder Sonnenengel."

Die *Stimme* klingt erfreut. „Es scheint, als beginnst du tatsächlich mit dem Herzen zu verstehen. Was willst du noch wissen?"

Ich weiß in dem Moment gar nicht, was ich zuerst fragen soll. So viele Fragen gehen mir durch den Kopf.

„Machen wir doch einfach weiter mit deinen Antworten, die ich immer noch nicht verstehe. Du sagtest vorhin, ich würde ohne meinen Verstand besser verstehen können und es würde nur ein Teil bei mir ankommen. Kannst du mir das auch verständlicher erklären?"

„Hättest du mir besser zugehört, wäre deine Frage jetzt überflüssig."

Ich schweige, irgendwie betroffen und schuldbewusst, wenn mir auch nicht klar ist warum. Doch schon spricht meine *Stimme* weiter: „Ich möchte es dir an einem Beispiel erklären. Wenn du morgens deinen Kaffee durch einen Filter gießt, was bleibt dann davon übrig?"

Ich überlege. „Das, was für mich einen guten Kaffee ausmacht. Das Aroma und..."

„Das meine ich nicht", unterbricht mich meine *Stimme*, „das ist doch im Grunde nur Wasser, das auf seinem Weg durch den Filter die Essenz des Kaffees mitgenommen hat. Wo bleibt das, was Du in den Filter hineintust, die Ursubstanz?"

„Wenn du das Kaffeepulver meinst, dann will ich das ja gerade nicht in meiner Tasse haben. Darum benutze ich ja schließlich einen Filter."

„So? Und warum willst du nur einen Teil des Ganzen haben?"

Dumme Frage. „Ganz einfach, weil es mir so besser schmeckt und außerdem viel bequemer ist. Wozu haben wir schließlich den Fortschritt?"

Doch die darauf folgenden Worte machen mich ziemlich nachdenklich: „Lass dich durch dieses Beispiel nicht irritieren. Es geht hier um etwas anderes, das ich dir sagen will. Vielleicht kannst du jetzt schon ahnen, dass wahres Verstehen niemals aus dem Verstand kommen kann. Denn es ist allumfassend, sieht immer die Ganzheit, niemals nur einen Teil davon. So wirst du alleine mit deinem menschlichen Bewusstsein niemals verstehen. Aber in Verbindung mit mir offenbart sich dir alles – wenn du es wirklich willst.“

Natürlich meldet sich wieder mein Verstand und kann nicht so recht glauben, dass das so einfach sein soll. „Gehe ich recht in der Annahme, dass da ein Haken an der Sache ist, den du mir noch nicht offenbart hast?“

„Wenn du es so sehen möchtest, dann wirst du es auch so empfinden. Schließlich musst du aus deiner Sicht einiges aufgeben, woran du schon lange genug festhältst – vor allem die Angst und die Bequemlichkeit.“

Nun wird es schon wieder unverständlich. „Die Angst will ich ja gar nicht haben, also da kann von Festhalten schon mal gar nicht die Rede sein. Aber warum muss ich die Bequemlichkeit aufgeben? Das leuchtet mir noch nicht so ganz ein.“

„Ich meine deine Bequemlichkeit im Denken. Du meinst, dass das, was du siehst, die Wirklichkeit ist? Du siehst etwas Blaues und sagst, es ist blau. Das, was du in Rot siehst, ist für dich rot. Glaub mir, das ist nur das, was DU siehst. DEINE Wirklichkeit. Die Wahrheit ist viel umfassender als deine Wirklichkeit. Was würdest du dazu sagen, wenn es viele Wirklichkeiten gäbe? So viele, dass eine Zahl es nicht auszudrücken vermag. Du meinst auch, dass du deine Angst gar nicht haben willst? Nun, dann probiere doch mal, sie gehen zu lassen! Es müsste doch leicht sein, oder etwa nicht?“

„Mmh, logisch gesehen hast du ja recht.“

Vor meinem inneren Auge laufen verschiedene meiner Ängste wie in einem Film ab. Wenn ich nun versuchen würde, sie wegzuschicken? Warum habe ich das bisher nie schaffen können? Hier muss ich leider passen.

Bevor ich mir weitere Gedanken machen kann, meldet sich die *Stimme* bereits wieder: „Wenn du schon unbedingt deinen Denkapparat anstrengen willst, dann frag ihn doch mal, ob er die Ursache deiner Ängste kennt? Wovor fürchtest du dich eigentlich wirklich?“

Mein Kopf fängt an heißzulaufen. Doch ich komme nur immer wieder zu dem Ergebnis, dass ich auf diese Frage zumindest keine wirklich brauchbare Antwort finde.

„Mmh, darüber lohnt es sich wirklich nachzudenken. Wie viel Zeit habe ich dafür?“

„Du hast immer alle Zeit der Welt. Du weißt ja, Zeit und Raum sind Erfindungen der Illusion, in der du lebst. In Wirklichkeit existiert weder das eine noch das andere. Außerdem bist du mir gegenüber keine Rechenschaft schuldig. Dies war DEINE Frage, ich habe sie dir nur bewusst gemacht.“

„MEINE Frage? Aber...“

Ohne dass es mir jemand sagen muss, weiß ich, dass die *Stimme* mir keine weitere Antwort mehr geben wird. Ich bin allein – allein mit mir selbst. Mein Kopf scheint mir, als wäre er ausgehöhlt. Er fühlt sich an wie ein großes Nichts. Immer wenn ich einen Versuch starte, einen logischen Gedanken zu fassen, ist es so, als wenn alle Wege versperrt wären. Noch nicht einmal Panik kommt zu mir durch. Eigenartig – wirklich sehr eigenartig...

~~~~

Wie viel Zeit vergangen ist, weiß ich nicht. Ich weiß nur, dass ich mich jetzt plötzlich auf einem Waldweg befinde und nur noch fühle, dass ICH BIN. So stark, wie ich es noch nie in meinem Leben gespürt habe. Immer wieder habe ich davon gelesen – mit meinem Verstand –, doch jetzt macht sich ein völlig neues Gefühl in mir breit. Ein Gefühl, das ich einfach nicht beschreiben kann, so groß und mächtig erfüllt es mich. Es ist, als wäre ich die Erde, nein, der ganze Kosmos auf einmal. Grenzenlos.

Und in diesem grenzenlosen Alles und Nichts öffnen sich mir plötzlich Welten, die ich mir in meinen kühnsten Träumen nicht hätte vorstellen können – meine ich ... – oder etwa doch?

Die Realität der Angst

Ich muss beim Nachdenken eingeschlafen sein. Ich wache auf, diesmal ist es finstere Nacht. Völlig still um mich herum. Fast gespenstisch. Ich höre sogar meinen Herzschlag, so lautlos ist es.

Ich sehe – und höre – und rieche – nichts. Und es kommt plötzlich
~~~~

ein Gefühl starker Beklemmung in mir auf, ein Gefühl der absoluten Einsamkeit. Ich erinnere mich wieder an die *Stimme*, die zu mir sprach, MEINE Stimme. Und Stück für Stück erinnere ich mich an alles, was diese *Stimme* mir sagte.

Nur eins will nicht weichen: das Gefühl der Einsamkeit, das so stark ist wie niemals zuvor. Es ist, als würde ich mich in einer völligen Leere befinden, ich ganz allein. Niemand ist um mich herum. Oh, es ist das schrecklichste Gefühl in meinem Leben!

Leben? Plötzlich wird mir bewusst, dass es sein kann, dass ich inzwischen tot bin? Was wäre, wenn es gar kein „Leben nach dem Tod" gäbe? Wenn alles nur eine Erfindung irgendwelcher Eso-Gurus wäre, um damit ihre Jünger an sich zu binden? Wenn selbst die Bibel nur eine einzige Geschichte ohne wirklichen Inhalt wäre?

Oh nein! Das kann und will ich einfach nicht glauben! Es war doch das Einzige, an das ich mich immer klammern konnte. Ein Leben nach dem Leben. Eine Art Belohnung für dieses oft freudlose Erdendasein.

Ich spüre, wie hilflos ich bin. Wie allein. Wie unendlich traurig. Völlig auf mich selbst gestellt. Nicht einmal das Sterben gibt es jetzt noch als „Ausweg". Es ist einfach keine Tür da, durch die ich noch gehen könnte.

Gäbe es einen Weg zurück in meine „alte Welt", ich würde ihn sofort gehen. Dort gab es wenigstens Menschen, die mir zuhörten. Einen Schutzengel, den ich an meiner Seite spürte. Eine Stimme...

Eine Stimme? Soweit ich mich noch zurückerinnern konnte, gehörte diese Stimme doch zu MIR? Da ich hier nur mit mir alleine bin, musste es doch möglich sein, wenigstens diese Stimme noch zu hören?

„Na, wie fühlst du dich?"

Auf einmal durchflutet mich ein wohliger Schauer. Tränen der Freude rinnen mir das Gesicht hinunter. Eine unbeschreibliche Freude, die ich so noch niemals gefühlt habe, breitet sich in mir aus. „Du bist da?"

„Na, warum sollte ich denn nicht? Du bist doch auch hier?"

„Und warum hast du dich nicht früher gemeldet?", frage ich vorwurfsvoll. „Hast du nicht bemerkt, in welcher Verzweiflung ich mich hier befand?! Ich denke, du kennst mich so gut?"

Meine *Stimme* bleibt vollkommen gelassen: „Ja, natürlich habe ich das bemerkt. Und nicht nur das. Ich habe es wieder voll und ganz mitgefühlt, was auch für mich nicht so ganz einfach war. Das kannst du mir glauben."

Trotz kommt in mir hoch. „Ich versteh dich – wie so oft – wieder mal nicht. Warum leidest du mit mir, obwohl du mir doch mit einem einzigen Wort helfen kannst?"

„Du weißt doch, alles was du erlebst, hat einen Sinn. Und zwar einzig und allein den, dich selbst zu erfahren. Wir beide lernen zusammen durch deine Erfahrungen."

„Und was sollte ich durch dieses Erlebnis schon wieder erfahren?" Ich grummle immer noch vor mich hin.

„Du solltest ganz bewusst erfahren, wo deine Ängste herkommen. Wo ihre eigentliche Geburtsstätte ist. Schließlich dachtest du darüber nach, ohne zu einem Ergebnis zu kommen. Und da habe ich dir einfach ein bisschen geholfen."

Meine *Stimme* scheint eine endlose Geduld zu haben, was ich von mir selber nicht gerade behaupten kann. „Nun bin ich trotzdem genauso schlau wie vorher. Wo meine Ängste herkommen? Was meinst du damit?"

„Nun – fühltest du dich nicht eben so allein wie noch nie in deinem Leben? Hattest du nicht das Gefühl der absoluten Leere? Bis dir einfiel, dass du noch einen Teil hast, nämlich mich?"

„Ja, schon...", murmle ich vor mich hin.

Meine *Stimme* klärt mich weiter auf: „Genau dort ist der Ort, wo deine ersten Ängste herkommen. Und alle weiteren Ängste bauen auf genau diesen Ängsten auf. Überleg doch mal: deine Angst vor Dunkelheit, vor dem Alleinsein, vor Verlust... Es sind die eigentlichen Kernthemen, die du Leben um Leben mit dir herumträgst, um sie zu erfahren. Es sind deine ureigenen, also ganz persönlichen Themen, denen du einst in dieser Leere das erste Mal begegnet bist."

Mittlerweile fühle ich mich wie ein einziges Fragezeichen. „Ich verstehe immer noch nicht. Wo bin ich denn hier? Welcher Ort ist das? Wie kann ich wieder dahin zurückkommen, wo ich vorher war?"

„Das ist ganz einfach." Meine *Stimme* ist nicht aus der Ruhe zu bringen. „Du brauchst hier an diesem Ort nur eine Vorstellung von dem zu haben, was du erschaffen willst, und du wirst es erreichen. Ganze Galaxien liegen dir hier zu Füßen. Versuch es doch einfach einmal."

Mir geht in diesem Moment durch den Kopf, dass ich mir immer gewünscht habe, das Resultat meiner Gedanken sofort greifbar vor mir zu haben. Bisher dauerte mir das alles einfach viel zu lange, bis meine Wünsche Realität wurden.

„Na dann, wenn das so einfach ist... Eine Galaxie muss es ja nicht gleich sein. Ich möchte einfach wieder dorthin zurück, wo ich vorher war. In mein vertrautes Leben mit Peter."

Und schon spüre ich, wie eine Art Sog mich erfasst. Alles dreht sich um mich herum. Es ist als ob ich im Zentrum eines Hurrikans bin. Ich empfinde und sehe nur noch viele bunte Wirbel um mich herum. Meine Umgebung ist nicht mehr dunkel und leer, sondern voller Leben. ...

Der große Nebel

Ich schlage meine Augen auf. Habe ich etwa schon wieder geschlafen? So langsam komme ich mir vor wie ein Wanderer zwischen den Welten. Es ist unglaublich, abenteuerlich, spannend, und trotzdem möchte ich in meine alte Welt zurück. Irgend etwas musste ich aber falsch gemacht haben, denn mein geliebter Peter schien sich immer noch in einer anderen Galaxie zu befinden.

Diesmal brauche ich MEINE *Stimme* nicht zu rufen. Sie meldet sich von alleine. „Na, welche Erkenntnis hast du diesmal gewonnen? Weißt du jetzt, wo deine Ängste herkommen?"

„Meine Ängste? Ach ja, diese dunkle Leere... Nein, ich weiß es nicht wirklich. Aber wie ich dich inzwischen kenne, wirst du mir jetzt sicher eine brauchbare Erklärung liefern."

„Ja, die liefere ich dir tatsächlich. Denn du würdest alleine durch deinen Verstand niemals darauf kommen, warum deine Ängste wirklich aus dieser Leere kommen. Es ist einfach viel zu lange her und der Schleier inzwischen viel zu dicht geworden. Pass gut auf, denn ich erzähle dir jetzt eine wahre Geschichte. Die Geschichte von uns beiden und wie alles einst im Königreich begann..."

„Im Königreich? Meinst du damit im Himmel – oder so ähnlich?"

„Ja. Dir wurde immer beigebracht, dass es einen Himmel und eine Hölle gibt. Doch die gibt es nur in der Vorstellung der Menschen, die in der Dualität leben – im menschlichen Spiel also. Was würdest du sagen, wenn ich dir nun offenbare, dass unser Ursprung in einem wirklichen Paradies liegt. In der absoluten Einheit mit Gott, wie du ihn nennst. Nenne ihn lieber Alles-Was-Ist. Das trifft es nämlich genauer.

Alles war einmal EINS. Und dieses EINS hat irgendwann vor Äonen beschlossen, sich zu erfahren, denn als EINS konnte es das nämlich nicht. Allein dieser Gedanke, diese Absicht hatte Ursachen gewaltigen Ausmaßes. Es war sozusagen der erste Atem Gottes. Dieser Atem bewirkte, dass das EINS sich teilte und zur ZWEI wurde. Es begann ein Prozess, den du in deiner Realität vielleicht mit der Teilung der Eizelle vergleichen kannst. Kannst du mir noch folgen?"

„Oh ja. Die Zelle, also Gott, teilte sich und wurde immer mehr kleine Teile und die wurden auch immer mehr und so weiter..."

„In gewisser Weise hast du Recht. Doch in der Dualität geht diese Teilung sehr schnell. So war es einst mit der UR-Teilung nicht. Es dauerte alles Äonen – es ging sehr, sehr langsam für deine Begriffe. Die Zeit, wie du sie heute kennst, war sozusagen gerade im Entstehen. Du würdest sie mit deinem jetzigen Verständnis als Zeitlupentempo empfinden, während sie sich langsam immer mehr beschleunigte. Heute ist sie kurz vorm Kollabieren, und das ist auch das, was in nicht allzu ferner Zeit zu erwarten ist.

Alles-Was-Ist, Gott, teilte sich also sehr, sehr langsam. Er war im Grunde immer noch EINS, auch wenn diese Teile sich immer weiter teilten. Bleiben wir jetzt einfach einmal beim Anfang. Gott wurde – für dein leichteres Verständnis – zu ER und SIE – zu König und Königin. In absoluter Harmonie und Einigkeit. Weißt du jetzt, woher die Legende von Adam und Eva kommt?"

„Ich kann's mir schon denken... Aber erzähl weiter, es hört sich sehr spannend an."

„Nun, dieses Königspaar befand sich also im schönsten Paradies, das es je gab. Aus ihrer vollkommenen und reinen Liebe zueinander entstanden weitere Teile ihrer selbst, sagen wir einfach – für dein jetziges Verständnis –, sie bekamen Kinder. Und diese Kinder lebten ebenfalls in Glück und Frieden, im Paradies, in der EINHEIT. Denn die bestand immer noch, trotz der Teilungen. Stell es dir einfach vor, als ob du ein Puzzle vor dir hast, das zwar aus vielen einzelnen Stückchen besteht, aber doch ein großes Ganzes darstellt. Es gibt nur dieses vollständige Bild und nichts mehr daneben."

„Nichts mehr? Meinst du so wie der Ort, an dem ich vorhin war?"

„Ja genau, diesen Ort werde ich dir gleich näher beschreiben. Du weißt ja, die Teilung von Allem-Was-Ist kam nur deshalb zustande, weil es sich erfahren wollte. Und das konnte es nun mal am besten und einfachsten in vielen verschiedenen Teilen. Was meinst du eigentlich, wo wir entstanden sind – du und ich?"

„So, wie es aussieht, müssten wir aus diesem paradiesischen Eins-Sein kommen, oder?", unterbreche ich meine *Stimme*.

„Stimmt, genau dort wurden wir erschaffen. Nun werden wir wieder Äonen weitergehen in der Zeit und ich werde dir erzählen, wie wir uns auf Abenteuerreise begeben haben."

„Jetzt scheint es ja richtig spannend zu werden." Ich kann es kaum erwarten, gewissermaßen meine Entstehungsgeschichte zu hören.

„Es kam die Zeit, als wir beide und all die anderen Teile einen neuen Gedanken hatten. Nämlich den, wie es wohl ‚außerhalb' dieses Paradieses aussehen würde. Und mit diesem Gedanken war bereits dieser Ort ‚außerhalb des Paradieses' erschaffen. Nur – wie gelangten wir dort hin?

Einige Teile im Paradies fühlten, dass die Zeit reif war, diese Welt zu verlassen. Und so kam es, dass die ersten, die diesen Aufruf in sich hörten – diesen Entdeckerdrang – eine unbändige Neugier entwickelten. Dieses Gefühl war bis dahin völlig unbekannt, und nun war es da und nicht mehr zu bremsen. Sie machten sich also auf den Weg, dieses Andere zu suchen.

Allein ihre Absicht führte sie an die Grenze des Paradieses, in die ‚Wand des Nebels'. Sie standen plötzlich vor einem undurchdringlichen Hindernis und waren völlig überrascht. Nie zuvor hatte es eine Grenze gegeben, nur unendliche Weite und plötzlich gab es etwas, das nicht zu durchschauen war. Etwas Geheimnisvolles. Etwas völlig Neues.

Diese Pioniere, die dort standen, erklärten ihre innere Bereitschaft, Alles-Was-Ist zu bereichern und sich auf den Weg zu machen, um dieses Unbekannte zu erforschen. Ihr Drang, ihr Forschergeist war einfach zu groß. Die erste Entscheidung ... eines einzelnen Bewusstseins wurde getroffen.

Und nun geschah etwas Gigantisches. Sie gingen hinein in diesen Nebel, und was glaubst du, was sie auf der anderen Seite vorfanden?"

„Nichts."

„Du hast es erfasst! Nichts! Genau dieses Nichts, das du vorhin erlebt hast. Kannst du dir jetzt vorstellen, warum du dich so einsam gefühlt hast? Kannst du dir vorstellen, dass du vorher im Paradies dieses Gefühl nicht kanntest? Weißt du jetzt, woher die Ängste kommen?"

„WOW! Jetzt verstehe ich es langsam", dämmert es mir. „Dann ist das eigentlich die erste Angst, die ich jemals hatte. Es fühlte sich furchtbar an, so völlig allein zu sein – im Nichts."

„Ja, es war wirklich furchtbar! Doch wir werden nie mehr dorthin zurückkehren", beruhigt mich meine *Stimme*, „nie mehr. Ich habe es dir nur demonstrieren wollen, um dir zu einer Erkenntnis zu verhelfen. Dieser Ort nach dem großen Nebel, das war dein erster Schöpfungsspielplatz nach dem Verlassen des Paradieses. Du hast plötzlich gemerkt, dass all deine Gefühle und Absichten die Leere füllten und das fing an, dir riesigen Spaß zu machen."

„Du hast da etwas Wichtiges, glaube ich, vergessen", muss ich noch berichtigen. „UNS hat es Spaß gemacht, UNS. Denn waren wir nicht damals auch EINS?"

„Im Grunde stimmt das schon. Bloß eins hab ich dir noch nicht erzählt: Zu der Zeit, als du wir noch vereint waren und durch den Nebel gingen, musste ich mich aus deinem unmittelbaren Energiefeld zurückziehen, als du entschieden hattest, deine Reise weiter fortzusetzen. Um wirklich Erfahrungen in einer unbekannten Realität machen zu können, musstest du all deine Fähigkeiten aus dem Paradies vollkommen vergessen. Wäre ich vollständig bei dir geblieben, dann hättest du die Verbindung zu deinem göttlichen Ursprung, zu Allem-Was-Ist, in Erinnerung behalten. Und dann wäre ja alles viel zu einfach gewesen. Du hättest niemals all diese Erfahrungen für Alles-Was-Ist – Gott – machen können. Also hast du dich bereit erklärt, all das zurückzulassen, um dich vollständig auf das neue Abenteuer einzulassen."

Bewunderung und große Achtung klingt in meiner *Stimme* mit, die ich sogar tief in mir fühlen kann...

Doch ich will noch mehr wissen: „Wo bist du denn dann geblieben? Im Paradies? Und warum bist du nicht immer noch dort?"

„Ja, das ist eine gute Frage. Und ich wusste, dass du sie mir stellen wirst. Ganz einfach wird es nicht, jedenfalls für dein Verständnis, aber ich will versuchen, es dir zu erklären. Was du für dich hältst, ist nur ein winziger Anteil dessen, was du wirklich bist. Der Rest von dir hat sich nochmals in viele einzelne Teile aufgeteilt. Ich – dein bewusster göttlicher Anteil – blieb in der Nebelwand und stand trotzdem immer in Verbindung mit dir, obwohl ich gewissermaßen geschlafen habe. Du selbst wolltest es so. Damit du allerdings den Anschluss an unseren Ursprung – unser Zuhause – nicht ganz verlierst, schufst du dir Wesen an deiner Seite, die dich begleiteten. Du nanntest sie Geistführer oder Schutzengel und sie sollten die energetische Verbindung zu deiner wahren Heimat aufrecht erhalten – dich nie vergessen lassen, wo du herkommst. Nun – vor einiger Zeit schon haben sich deine Geistführer zurückgezogen. Sie haben dein direktes Energiefeld verlassen ..."

Mir wird nun einiges klar. „Kann es sein, dass ich mich deshalb in der letzten Zeit oft so furchtbar allein gefühlt habe? Ich konnte es mir nie richtig erklären."

„Ja, ich wollte es dir gerade erzählen," fährt meine *Stimme* fort. „Natürlich hast du diesen starken Energiewechsel gespürt. Das spüren übrigens viele Menschen zur Zeit, die sich entschlossen haben zu erwachen. Den Grund dafür kann ich dir auch sagen. Ganz einfach – weil ich als dein göttlicher Anteil, dein Wahres Selbst, diese Funktion jetzt übernehmen kann. Weißt du, ich habe Äonen lang darauf gewartet, mich wieder mit dir zu verbinden. Und JETZT ist der Zeitpunkt gekommen. JETZT können auch wir wieder EINS werden."

So ganz klar ist mir das alles noch nicht. „Mmh. Und warum können wir das jetzt erst? Und wie?"

„Ganz einfach – und für dich vielleicht doch wieder nicht. Du hast inzwischen auf deinem Weg eine Bewusstseinsstufe erreicht, die uns das möglich gemacht hat. Du bist an einem Punkt angekommen, wo deine Schwingung eine solche Intensität erreicht hat, dass sie mich aus meinem tiefen langen Schlaf erwecken konnte.

Kannst du dich erinnern, warum du im Sommer mit Peter zu Gina Deletz gefahren bist? Was ihr dort gemeinsam aktiviert und verbunden habt? Es war im Grunde nicht Gina, sondern ganz allein deine reine Absicht, deine innere Sehnsucht nach Vollkommenheit, die das letztendlich geschafft hat. Peter erfährt es allerdings auf eine andere Weise als du. Du hast es sicher schon bemerkt."

„Oh ja, das habe ich!" Und ich spüre, wie mit diesen Worten ein tiefes Verstehen eintritt, ein Verstehen jenseits des Verstandes.

Meine *Stimme* fährt fort: „Und nun werden wir ab diesem Augenblick – sofern du bereit bist – alle Erfahrungen miteinander erleben. Du wirst außerdem zu deiner vollen Größe erwachen und dich nach und nach all deiner vergessenen Fähigkeiten erinnern. Dazu führe ich dich durch Zeit und Raum, an einige Orte, wo du dich ebenfalls befindest. Denn es gibt noch viele Teile von uns, die sich auf Erfahrungswegen befinden, die du dir selbst im Traum nicht vorstellen könntest.

Wenn du dich darauf einlassen, es zulassen kannst, wird es für dich wie ein wunderbares, interessantes und neues Spiel sein. Erlaube uns diese Reise und dir werden Erkenntnisse zuteil, mit denen du die Welt, in der du lebst, vollkommen verändern wirst. Du hast alles in der Hand, kannst frei wählen. Dein Spielbrett wird sich verändern, sobald du dich veränderst. Wir beide sind ein wirkliches Dream-Team – wenn wir uns zusammentun.

Auf deine Frage nach dem WIE kann ich dir versichern, dass es für dich das Einfachste und doch Schwierigste ist. Du brauchst nur einfach im JETZT zu sein, im Augenblick von Allem-Was-Ist. Wie du dieses Jetzt findest, werde ich dir später verraten. Willst du?“

Ein bisschen Angst habe ich schon. Aber auch ein ganz tiefes Vertrauen, wie ich es noch niemals zuvor hatte – irgendwie tief in mir drin. Ich brauche plötzlich keine Garantie mehr und weiß, alles wird gut.

„Also los, gehen wir auf die Reise! Ich bin dabei! Oder sollte ich lieber sagen: Wir?“

„Okay! Gehen wir...“

TEIL II: EINE REISE DURCH ZEIT UND RAUM

Ein Abenteuer beginnt

Mein Leben als Moni, die ich bisher meinte zu sein, ist inzwischen völlig auf den Kopf gestellt. Die Frage, die mir im Moment am meisten in der Seele brennt, ist: „Wo ist Peter?“ Und dann: „Was erlebe ich da gerade? Lebe ich wirklich in verschiedenen Welten? Ist das alles hier überhaupt real?“

Ehe ich mir noch weitere Fragen stellen kann, meldet sich meine *Stimme* wieder. „Hey, Moni. Weißt du eigentlich, wo du jetzt bist?“

Noch in tiefen Gedanken versunken, schrecke ich auf. „Wie, was ... ach, du schon wieder – besser ... ich selbst. Find ich langsam lustig, dass ich hier mit mir selber rede – und doch irgendwie auch nicht. Wenn ich das jemandem erzähle, würde ich garantiert in irgendeiner Anstalt landen. Darum tue ich es lieber nicht. Wem auch? Ich weiß ja selber schon gar nicht mehr, wo und wer ich überhaupt bin.“

„Hallo! Du hast meine Frage noch nicht beantwortet. Weißt du, wo du jetzt bist?“, bohrt meine *Stimme* weiter.

Ich muss mich erst zurechtfinden, bis ich dazu was sagen kann: „Nein!“

„Das ist alles?“ Meine *Stimme* hört sich ungewohnt konsequent an. „Wenn du glaubst, dass ich es dir jetzt so einfach mache, dann irrst du dich aber gewaltig. Diesmal will ich eine Antwort, die von dir kommt, von dir aus meinem menschlichen Bewusstsein.“

„Ja, was soll ich dir denn sagen? Ich sehe eine Wiese um mich herum, einen Wald in der Nähe ... und sonst nichts.“

„Nichts? Wirklich nichts? Wenn ich dir jetzt erzähle, dass du ganz und gar nicht alleine bist, dann wirst du mich vielleicht auslachen. Doch ich werde es dir beweisen. Komm mit.“

„Schon wieder in eine neue Realität?“

„Jawohl. Erinnerst du dich? Du hast zugestimmt zu dieser Reise. Genauso wie du einst zugestimmt hattest, dieses Spiel hier auf diesem Spielplatz – der Erde – zu spielen. Das hast du natürlich vergessen. Die Reisen mit mir wirst du allerdings niemals mehr vergessen. Das verspreche ich dir.“

„Na gut“, kann ich nur antworten. „Wohin gehen wir also? Oder fliegen wir diesmal? ... Okay, war nur ein Scherz. Legen wir los.“

„Moni, gleich werde ich dir eine Geschichte erzählen. Eine wahre Geschichte. Eine Geschichte von dir selbst. Und diese Geschichte wirst du nicht nur von mir hören – nein, du wirst sie selbst erleben. Es ist nämlich ein Teil unserer gemeinsamen Geschichte. Eine Geschichte von jemandem, der du auch bist ... in einer weiteren Dimension."

„Na, da bin ich aber gespannt wie ein Flitzebogen, was jetzt kommt."

Meine Abenteuerlust ist geweckt.

Ich höre zu, wie meine *Stimme* erzählt ... und schon nimmt ein unglaubliches und zugleich wunderschönes Erlebnis seinen Lauf.

Eine besondere Begegnung im Wald

Tief in den Wäldern lebt eine junge Elfe – Lilofei heißt dieses kleine zarte Wesen. Sie sieht aus wie eine Elfe, tanzt wie eine Elfe, verhält sich wie eine kleine Elfe. Trotzdem ist sie anders als die anderen Elfen. Sie spürt tief in ihrem Herzen, dass etwas in ihr nicht genauso ist wie bei all ihren Brüdern und Schwestern, etwas, das sie sich nicht erklären kann. Noch ist es nur ein Gefühl, eine Ahnung, doch bald schon sollte sie mehr über das erfahren, was sie wirklich ist...

Es beginnt an einem wunderschönen Frühlingstag. Lilofei lässt sich vom Wind auf hauchzarten Spinnfäden von Baum zu Baum schaukeln. Hach, ist das herrlich ... die warme Luft, der Duft der frischen Blätter, der Gräser, der Blumenwiesen. Die Natur breitet nach einem langen Winter wieder ihr schönstes Kleid aus, um Menschen und Tiere zu erfreuen. Die Vögel zwitschern aus voller Kehle ihren Gesang für die Liebste, der sie imponieren wollen. Die Bienen summen die Begleitung dazu und sammeln dabei auf den auserwählten Blüten die Pollen ein, um den Menschen einen leckeren Honig zu servieren. Die Rehe, die Hasen, die Eichhörnchen, die Füchse, die Igel, ja, alle kommen aus ihren Winterverstecken, um die Sonne und die warme Luft zu genießen und mit der Familienplanung zu beginnen.

Lilofei lässt sich auf dem Wipfel einer großen alten Linde nieder, die ganz oben auf einem Berg steht. Hier ist ihr Lieblingsplatz, hier kann sie weit unter sich das Tal und gleichzeitig die gegenüberliegende Bergwelt betrachten. An diesem Platz hat sie immer das Gefühl einer „erhabenen Größe“. Hier fühlt sie sich frei und noch leichter, als sie schon ist, einfach dem Himmel am nächsten. Sie kann gar nicht verstehen, dass die Menschen das nicht können – durch die Lüfte fliegen und das Dasein genießen.

Überhaupt – Menschen, was sind das für seltsame Wesen? Die meisten von ihnen sind anscheinend nur dazu da, um irgendwelche sehr mühevollen Arbeiten zu tun, danach in steinernen Kisten vor flackernden Scheiben zu sitzen oder ohrenbetäubenden Lärm über sich ergehen zu lassen, den sie dann auch noch Musik nennen. Dann gibt es welche, die in Windeseile durch ihren Wald laufen oder auf einem komischen Metallgestell sitzen und auf ihm herumtreten, dabei stur auf ihren Weg schauen und hecheln und schwitzen. Es sieht für Lilofei jedenfalls äußerst mühsam aus und gehört wohl zum Lebenssinn dieser seltsamen Wesen. Brrrr ... ein scheußliches Gefühl überkommt sie bei diesen Beobachtungen. In diesen Momenten ist sie äußerst glücklich darüber, eine Elfe zu sein, auch wenn es ihr manchmal ein wenig langweilig ist im Wald, wo sich Fuchs und Hase gute Nacht sagen – so hat sie es von den Menschen schon einmal gehört. Na ja, die können ja auch nicht wissen, was wirklich so alles in einem Wald los ist. Das kann nämlich schon manchmal ziemlich spannend sein...

Fuchs und Hase, schade, dass Menschen so wenig fühlen und sehen können, dachte Lilofei...

Es gibt allerdings auch ein paar menschliche Wesen, die so ganz anders sind und Lilofei manchmal in ihrer Welt besuchen. Deren Dasein scheint sich nicht nur auf Kämpfen und Mühsal zu beschränken. Diese Menschen gehen sehr bedächtig durch ihren Wald. Sie erfreuen sich – genau wie Lilofei – am Konzert der Vögel, am Duft der Gräser und Blumen, am Geschmack der Früchte, die im Wald wachsen. Sie haben einen irgendwie undefinierbaren Glanz auf ihrem Gesicht, der weit um sie herum strahlt, bei wenigen sogar bis über den Wald hinaus. Ja, an diesen Menschen hat auch Lilofei ihre helle Freude, denn bei ihnen kann sie etwas Besonderes spüren, tief in ihrem kleinen Herzen. Es ist so etwas wie Verbundenheit, Ähnlichkeit – Einheit. Einheit in einer Weise, wie Lilofei dies sonst nur mit den Wesen des Waldes empfinden kann.

Ein paar Tage später, am Beginn eines strahlenden Sonnentages, hat Lilofei eine sehr außergewöhnliche Begegnung – mit einem dieser Wesen, die wie Menschen aussehen – jedoch in einer ganz neuen Form. Diese Begegnung verändert von nun an einfach alles in ihrem Leben. Das, was sie kennt, wird sozusagen auf den Kopf gestellt und erfährt eine neue Bedeutung.

Lilofei hat gerade ihr Bad in ein paar Tautropfen beendet und rutscht an einem großen Grashalm zu Boden. Das hat ihr Spaß gemacht... Sie streicht sich noch kurz über die zarten Flügel und fühlt in sich hinein, was sie denn heute wohl tun möchte. Etwas Neues erleben, entdecken oder einfach nur den Tag genießen...?

Mit dieser Frage beginnt sie jeden Tag aufs Neue. Manchmal sind es dann eben die Menschen, die sie ein Stück begleitet, um zu beobachten, was sie tun, um zu erforschen, warum sie etwas Bestimmtes tun, um ihr Leben besser kennen zu lernen.

Heute beginnt dieser Tag allerdings auf irgendeine Weise anders als alle bisherigen. Lilofei spürt, dass ihr etwas begegnen wird, das sie noch nie gesehen hat, dass etwas völlig Neues auf sie wartet, etwas Unbeschreibliches, etwas sehr Schönes, etwas völlig Veränderndes...

Lilofei hat das erste Mal in ihrem Elfenleben ein eigenartig kribbelndes Gefühl in ihrem Bauch. Komisch, davon hat sie die Menschen manchmal reden hören, meist im Zusammenhang mit etwas Unbekanntem, das ihnen bevorstand.

Sie beschließt, einfach alle Vermutungen aufzugeben und zu schauen, was dieser Tag ihr wohl bringen mag. Sicher würde sie dann schon wissen, was sie tun müsste, wenn es soweit wäre. Und so lässt sie sich von ihrem inneren Gefühl leiten, sich auf den Weg zu einer Lichtung zu machen, die ganz in der Nähe des Waldrandes liegt. Unterwegs begegnet ihr Ka, der schwarze Rabe, der es ganz eilig zu haben scheint. Lilofei schafft es gerade noch, ihn zu fragen, was denn los sei. Ka krächzt nur schnell im Vorbeifliegen: „... auf der Lichtung ... auf der Lichtung..." Mehr kann Lilofei nicht verstehen, und schon ist Ka nicht mehr zu sehen.

Hat ihr neues Gefühl von heute Morgen etwa mit der Lichtung zu tun? Was gibt es dort so Aufregendes, dass Ka wie wild im Wald umherflattert? Lilofei wird langsam immer neugieriger und will nun bald wissen, um was es sich handelt. Also spart sie sich heute mal die tägliche Begrüßung jedes Baumes und schwingt sich leicht und ohne Aufenthalt in die Lüfte, um schnell zur Lichtung zu kommen.

Schon von weitem nimmt sie eine ganz eigenartige Energie wahr. Sie ist nicht leicht zu beschreiben, jedoch fühlt sie sich an wie Gott höchstpersönlich. Ihr kommen die Tränen, sie kann nichts daran ändern. Ein nie gekanntes wonniges Wärmegefühl durchströmt ihr ganzes Elfensein, ein Gefühl, das nur mit purer Liebe und Angenommensein beschrieben werden kann. Andere Begriffe kennt Lilofei dafür nicht.

Aus der Ferne sieht sie dort an einen Baum gelehnt nur einen Menschen sitzen. Das ist seltsam, denkt sie. Von woher kommt dann dieses wunderbare göttliche Gefühl, das sie wahrgenommen hat? Bisher ist sie noch keinem Menschen begegnet, von dem solche Schwingungen ausgingen. Sollte diese Gestalt dort nur so aussehen, aber etwas anderes sein? Viele Fragen tauchen in ihr auf und sie beschließt, das jetzt herauszufinden.

Lilofei will sich diesen Menschen genauer ansehen und fliegt einfach ein Stückchen näher an ihm heran. Sie setzt sich direkt vor ihm auf eine Löwenzahnblüte und betrachtet zuerst seinen Gesichtsausdruck. Allein dabei durchströmt sie ein Gefühl von nie gekannter Freude. So ein Strahlen hat sie bei einem Menschen noch nie gesehen. Das alleine überwältigt sie fast. Es ist so völlig neu für sie. Nie zuvor hat sie bisher so etwas erlebt. Kann es wirklich sein, dass sie sich mit diesem Menschen verbunden fühlt? Genau so, wie mit all den Wesen hier im Wald? Kann es sein, dass ihr dieser Mensch auf irgendeine Weise ähnlich ist? Kann das wirklich sein?

Und plötzlich, während sie ihre Gefühle und Gedanken noch sortiert, schaut dieser Mensch sie an. Lilofei fällt vor Erstaunen von der schönen gelben Blüte herunter und findet sich ganz taumelig unten zwischen den Grashalmen wieder. Dieser Mensch hat sie so angeschaut, als ob er sie SEHEN würde... Aber – das gibt es doch nicht! Bisher konnten sich Elfen immer unerkannt zwischen den Menschen bewegen und sie beobachten. Das war doch sicher nur ein Zufall, oder? Jedoch – dieser Blick war so direkt auf sie gerichtet, dass es schon seltsam war...

Bevor Lilofei noch weiter darüber nachsinnen kann, ob es möglich sein kann oder nicht, kommt eine riesengroße Hand auf sie zu. Was ist denn das jetzt, denkt Lilofei. Und schon bleibt die Hand direkt vor ihr im Gras liegen – mit der Handfläche auf dem Boden – und der Mensch, dem die Hand gehört, fängt an zu sprechen. Lilofei kann nicht anders, als wie gebannt sitzen zu bleiben und zuzuhören.

„Hallo, kleine Elfe", spricht eine sanfte Stimme zu ihr. „Wie schön, dass ich dich sehen kann. Das habe ich mir immer gewünscht. Magst du dich auf meine Hand setzen?"

„A... aber", stottert Lilofei, „wieso kannst du mich denn überhaupt sehen? Du bist doch ein Mensch oder etwa nicht? Und Menschen können keine Elfen sehen... Bisher kenne ich jedenfalls keinen, der es kann."

„Ja, liebe Elfe, das weiß ich ja selber nicht", wundert sich Fred – so heißt dieser Mensch nämlich. „Ich sitze öfter hier auf dieser Lichtung, manchmal auch nur in meiner Imagination oder im Traum. Hier habe ich schon viele Erkenntnisse gewonnen und alle haben mich ein Stück auf meinem Weg weitergebracht. Aber nun würde ich gerne wissen, was es bewirkt hat, dass ich dich auf einmal sehen kann..."

„Oh, ja", meint Lilofei ganz aufgeregt, „das wüsste ich auch gerne! Vielleicht kommen wir ja gemeinsam darauf, wenn du mir ein bisschen von deinem Weg erzählst."

„Nun ja, gerne, doch wo soll ich anfangen? Mein Weg ist ziemlich lang gewesen bisher. Gibt es etwas Bestimmtes, das du wissen möchtest?"

Lilofei klettert nun ganz mutig auf Freds Hand, nimmt dort Platz und lässt die Beinchen baumeln. Fühlt sich toll an, so weich und warm – und diese unglaubliche Energie... Nun spürt sie sie wieder, da ihr Erstaunen wieder der Neugier gewichen ist.

„Ja, zuerst würde ich am liebsten wissen, warum von dir so eine neuartige Wahnsinns-Energie ausgeht? Die hab ich nämlich schon sehr viel eher gespürt, als ich dich noch gar nicht gesehen habe. Hast du dafür vielleicht eine Erklärung?"

Fred legt vorsichtig seine Hand, auf der Lilofei sitzt, auf sein linkes Knie, um sie direkt vor sich zu haben. Er betrachtet sie sehr zärtlich und liebevoll und eine riesengroße Dankbarkeit und Freude durchströmt sein ganzes Sein. Lilofei reagiert sofort darauf mit einem Juchzer und den Worten: „Da! Da ist es wieder, ganz doll! Jetzt ist es noch viiiiel stärker geworden! Sag schon, was hast du gerade gemacht?"

„Hm..., interessant, ich hab gerade eine tiefe Dankbarkeit und Freude in mir gespürt, als ich dich ansah. Es ist einfach unglaublich und doch wahr. Und wunderschön. So etwas Schönes wie dich habe ich noch nie gesehen... Ich könnte zerspringen vor lauter Glück!"

„Ja, ja, das tust du auch gleich", kontert die Elfe aufgeregt. „Jedenfalls fühlt sich das für mich so an. Ich bin ja auch ganz bewegt vor Freude über einen Menschen, der sich so anfühlt wie du – und es muss etwas ganz Besonderes sein, was dich so anders macht als all die anderen, die mir begegnet sind. Hast du eine Ahnung, was das sein kann?"

„Hm..." Fred zögert ein wenig. Er weiß nicht recht, wie er Lilofei erklären kann, was er fühlt. Bisher hatte er noch nie das Vergnügen, mit einer Elfe über sich selbst zu sprechen, über seine Erkenntnisse, über seine Veränderungen. Fühlen Elfen so wie Menschen?

Fred hört schließlich auf darüber nachzudenken und nimmt Verbindung mit seinem innersten Sein auf. Von dort bekommt er seit einiger Zeit immer die passenden Antworten, warum also erst lange nach Erklärungen suchen, wenn es doch so einfach geht? Und wie jedes Mal liegt alles ganz klar vor ihm und er braucht es nur auszusprechen.

„Lilofei..."

Und schon wird Fred unterbrochen... „Woher weißt du denn meinen Namen? Ich hab ihn dir doch noch gar nicht gesagt? Du wirst mir immer unheimlicher..."

„Lilofei?", wundert sich Fred. „Der Name kam eben aus dem Teil von mir, der ich wirklich bin, genau so wie alles, was ich dir jetzt erzählen werde. Ich weiß bis jetzt selber noch nicht genau, was das sein wird. Doch ich weiß inzwischen, dass mein Verstand es dir nicht erklären könnte."

Lilofei staunt nur und macht es sich auf Freds Hand gemütlich. Sie beginnt dieses außergewöhnliche Beisammensein zu genießen und hört interessiert zu, als Fred beginnt zu erzählen: „Weißt du, Lilofei, es ist noch gar nicht so lange her, dass ich ein ganz normaler Mensch war, so wie du sie eben kennst. Doch vor einiger Zeit geschah etwas mit mir, das ich jetzt mal Aufwachen nennen möchte. Ich begann mich zu fragen, warum ich überhaupt auf dieser Welt bin, was ich für eine Aufgabe hier habe. Ich konnte mir plötzlich nicht mehr vorstellen, dass der Sinn meines Daseins darin bestehen sollte, mich abzuplagen, nur damit ich in einer warmen Wohnung wohnen kann und genug zu Essen habe. Mir fehlte einfach die Freude am Leben, etwas, das mein Herz zum Singen bringt. Natürlich freute ich mich an manchen Dingen, doch eine Freude, wie ich sie heute kenne, war es nicht. Es fühlte sich so nutzlos an und ständig wiederholte sich alles. So wollte ich nicht mehr weiterleben.

Ja, und dann begannen die Zu-fälle in meinem Leben, die ich auf einmal mit ganz anderen Augen sah. Mir begegneten Menschen mit Botschaften, wie ich es heute nenne – mir fielen Bücher in die Hände, oft auf seltsamen Wegen, in denen mitunter nur ein Satz mein weiteres Leben veränderte. Jedes Mal ein bisschen mehr. Doch immer noch war ich auf der Suche und wusste noch nicht einmal, nach was..."

„Ja", unterbricht Lilofei leise, „Menschen sind ständig nur in Bewegung. Sie scheinen wirklich etwas zu suchen, aber nicht zu finden. Ich habe noch keinen gesehen, der irgendwo angekommen ist..."

Fred lächelt wissend: „Irgendwo ankommen... Ich glaube, das wird es im Grunde niemals geben. Aber die Suche, die ist für mich beendet. Weißt du, ich habe inzwischen erkannt, dass es nur eines gibt, das ich überhaupt finden kann. Und das bin ich selbst, mein Wahres Sein. Wenn ich das gefunden habe, dann brauche ich nicht mehr weiter mehr zu suchen. Dann erkenne ich, warum ich bin, was ich wirklich bin. Nämlich etwas Phänomenales, nicht nur dieser Körper hier, den du jetzt siehst, sondern viel mehr..."

Lilofei amüsiert sich: „Dein Körper... Der sieht aber toll aus! Der leuchtet in so vielen Farben, dass mir ganz schwindelig davon wird. Was bist du denn sonst noch? Meinst du das, was da um dich herum ist, dieses Leuchten und Strahlen?"

Fred wundert sich: „Leuchten und Strahlen? Mein Körper soll bunt sein? Wo denn?" Und er schaut aufmerksam an sich herunter – und beginnt zu staunen. „Ahh... Wow!!! Das ist ja klasse...! Wo kommt das denn auf einmal her? Das hab ich ja noch nie gesehen!"

Jetzt ist das Staunen an Lilofei: „Du siehst schon die ganze Zeit so aus. Sag jetzt bloß, es ist auch neu für dich. Dann hängt es vielleicht damit zusammen, dass du mich jetzt sehen kannst?"

„Ja, ja, das muss es wohl sein", freut sich Fred. „Ich habe schon so viel davon gehört, über die Aura und diese Farben und so. Aber gesehen habe ich bisher nur die Teile von mir, auf denen du jetzt zum Beispiel sitzt. Den Körper eben..."

„Ja, ich versteh schon“, unterbricht Lilofei Fred, „das was ich bei den meisten Menschen leider auch nur sehe. Doch sag mal, haben die nicht auch noch mehr als nur den Körper? Können die nicht auch – wie sagtest du – ihr Wahres Sein finden?“

Fred – in Verbindung mit seinem Wahren Sein – erzählt weiter: „Natürlich könnten sie, wenn sie wollten. Doch die meisten von ihnen wollen einfach noch ein bisschen im Nebel und unbewusst bleiben, weil es ihnen Spaß macht, auf diese Weise die Begrenzung in einem Körper zu erfahren. Auch wenn es oft überhaupt nicht so aussieht. Aber frag sie doch mal, ob sie wirklich bereit sind, zu erfahren, wer sie wirklich sind. Und ob sie dann ebenso bereit sind, für alles in ihrem Leben ganz bewusst die Verantwortung zu übernehmen – für wirklich alles – dann wirst du überrascht sein. Es scheint ihnen viel einfacher zu sein, in ihrem Nebelland weiterzuleben, auch wenn es für sie oft nicht so lustig ist. Ihre Seele ist einfach noch nicht bereit, dieses alte Spiel ihrer Absprachen und Verträge mit anderen zu beenden.“

Lilofei wundert sich: „Das ist völlig neu für mich. Welche Absprachen und Verträge kann es denn da geben? Wie kann man sich denn so etwas Furchtbares aussuchen, was unglücklich macht und weh tut? Und das auch noch freiwillig. So etwas würde ich niemals tun!“

„Nein, Lilofei, du wahrscheinlich nicht“, klärt Fred die kleine Elfe auf. „Aber du bist ja auch nicht als Mensch hier in diese Erlebniswelt gekommen, sondern als Elfe. Menschen treffen Absprachen untereinander, bevor sie hierher kommen, bevor sie geboren werden. Dort, wo sie das tun, haben sie noch keinen Körper, sondern sind nur reine Energie, so wie die Farben, die du jetzt siehst. Sie wollen erleben, wie es sich anfühlt, in einem Körper zu sein. Wie es ist, ein leckeres Essen mit allen körperlichen Sinnen zu genießen, Musik zu hören, die Berührung eines anderen Menschen oder des Windes auf der Haut zu spüren, sexuelle Lust im Körper einer Frau oder eines Mannes zu erfahren. Ja, und auch um zu spüren, was Schmerzen sind, wie ein Körper reagiert.“

Lilofei staunt. Das alles wusste sie bisher nicht. Doch wer sollte es ihr auch sagen? „Ja, das kann ich verstehen, denn ich würde auch gerne wissen, wie sich das anfühlt. Durch mich geht der Wind einfach so durch, weißt du. Ich spüre ihn anscheinend nicht so wie du. Aber Schmerz? Was ist das? Ich habe zwar schon oft gesehen, wie

Menschen oder Tiere darauf reagieren, kann mir aber nichts darunter vorstellen."

„Siehst du", erzählt Fred weiter, „genau aus dem Grund wollen Menschen das auch erfahren. Sie sind halt Entdecker, Forscher und manche Menschen ganz besonders, denn sie stürzen sich in die waghalsigsten Abenteuer, nur um an ihre Grenzen zu kommen, um sich und ihren Körper auszutesten, um diese Erfahrung zu machen. Auch wenn sie dann weh tut. Das ist ihnen völlig gleichgültig."

Lilofei sieht ihn immer noch mit großen Augen an und hört beeindruckt zu, wie Fred weitererzählt.

„Nun aber zurück zu den Absprachen vor diesem Leben als Mensch. Es wird eine Art Spielplan erstellt und die einzelnen Rollen für dieses Spiel werden verteilt. Nehmen wir mal an, einer möchte erfahren, wie es ist, einem anderen weh zu tun. Dazu erklärt sich jemand bereit, den Part desjenigen zu übernehmen, der die Schmerzen erfährt. Diese beiden suchen sich nun eine Familie und Umstände aus, in der sie diese gegenseitige Vereinbarung erleben können. Für andere Menschen sieht das dann so aus, als ob einer böse und einer lieb ist. Eben ungerecht. Doch in Wirklichkeit ist es nur das, was die beiden vereinbart haben und unbedingt erfahren wollten. Sie haben es nur während ihres Mensch-Seins vergessen. Wenn sie dann ihren Körper verlassen, wissen sie wieder um ihre Vereinbarungen und können sie neu treffen. Dabei kann es dann durchaus sein, dass die Rollen vertauscht werden. So erlebt jeder der beiden, wie der andere sich vorher gefühlt hat. Auf diese Weise lernt jeder von ihnen beide Seiten kennen und es entsteht eine Balance, ein Ausgleich der Erfahrungen."

Lilofei will mehr hören: „Hört sich durchaus verständlich an. So könnte es tatsächlich sein. Doch jetzt möchte ich wissen, warum du so anders bist. Möchtest du keine Erfahrungen als Mensch in diesem Körper machen?"

„Oh doch – ganz sicher!", meint Fred belustigt. „Was ich jedoch nicht mehr machen möchte, auf gar keinen Fall, das sind all die Erfahrungen, die mit Schmerz und Leid zu tun haben. Die habe ich zu Genüge erlebt. Ich brauche sie nicht mehr. Denn, weißt du, ich bin erst seit kurzem bei mir selbst gelandet. Vorher ging es mir genau wie all den anderen Menschen. Und darum kann ich sie auch so gut verstehen. Ich weiß, wie es ist, sich verlassen zu fühlen, einsam, von niemandem verstanden, sich abplagen zu müssen, Angst um sein Leben zu haben, Schmerz zu fühlen, traurig zu sein.

Doch vor einiger Zeit fing ich an, mich zu öffnen, fing an zu glauben, dass es mehr geben muss als das, was ich bisher kannte. Und dann erinnerte ich mich wieder, warum ich hier auf der Erde bin..."

Wer bin ich?

Ich finde mich im Gras wieder und habe das Gefühl, als lebe ich in einem Traum. Wenn ich mich zwicke, tut es weh. Ein Traum also, der sich sehr real anfühlt. Und etwas in mir stellt sich die Frage: „Wer bin ich eigentlich?"

„Das kann ich dir sagen", meldet sich meine *Stimme*. „Hier in diesem Körper bist du Moni. Dort, wo wir eben gemeinsam waren, hast du eine andere Rolle gespielt. Du warst Fred. Fred ist genauso real wie Moni. Fred ist auch – DU. Er ist ein Teil deines großartigen Realitätstheaters. Deine und seine Erfahrungen sind eins. Verstehst du das?"

„Du wirst es nicht glauben. Aber ich verstehe es tatsächlich, wenn auch nur ein kleines bisschen..." Ich staune über das, was ich da sage.

„Ich weiß. Eigentlich müsste ich dich gar nicht fragen. Das tue ich nur, um dir das alles bewusster zu machen. Erzähl uns beiden doch einfach, wie das eben für dich war."

Ich bin immer noch begeistert. „Gigantisch! Einfach gigantisch! Ich war Fred – und ich war irgendwie auch Lilofei. Beide waren mir sehr vertraut. Klar, kein Kunststück, weil ich Fred war. Doch ich konnte gleichzeitig alle Gefühle von Lilofei spüren. Gleichzeitig! Verstehst du? So etwas habe ich noch niemals vorher erlebt. Ich habe mich gefühlt, als ob ich – Gott – wäre, Alles-Was-Ist! Wie kann das sein?"

„Das ist ganz einfach. Du kannst nur das fühlen, was du auch bist. Also liegst du genau richtig mit deiner Vermutung..."

„Stop, stop, stop! Von wegen Vermutung. Natürlich bin ich nicht Gott. Diese Größe würde ich mir niemals anmaßen."

„Nein? Wirklich nicht? Und wie hast du dich eben im Körper von Fred gefühlt? Erinnere dich! Wie hast du dich da gefühlt? Klein oder groß? Verleugnest du dich nicht gerade selber, Gott?"

„Wow... Nun hast du gerade etwas in mir ausgelöst, was ich selber noch nicht fassen kann. Als du mich mit Gott angesprochen hast, eben gerade, da war mir, als würde eine Erinnerung in mir wach werden. Ich wusste für einen kurzen Moment, wer ich wirklich bin. Wie kann das sein? Ich alleine kann doch nicht Gott sein oder ... Alles-Was-Ist?!"

„Du alleine bist es auch nicht., sondern Alles-Was-Ist. Denk noch einmal daran, was ich dir zu Anfang unserer Wiederbegegnung gesagt habe: Ich bin Du. Und dieses Ich bin Du kannst du nun weiter ausdehnen – auf deinen Peter, auf deine Nachbarn, auf Alles-Was-Ist. Darum war es dir auch möglich, Freds und Lilofeis Gefühle gleichzeitig zu spüren."

„Willst du damit sagen, dass das auch ich war – oder bin?"

„Ja und nein. In deiner begrenzten Rolle als Moni, in der du jetzt steckst, würdest du sagen: nein. Wenn du aber versuchst, dich darüber hinauszubewegen, wirst du erkennen: Du bist viel mehr als nur Moni. Du bist – das weißt du ja schon – auch ich. Das verstehst du mittlerweile. Doch verstehst du auch, dass da noch viel mehr ist? Verstehst du, dass du – auch – ALLES bist?"

„Ehrlich gesagt, nicht wirklich. Und trotzdem kann ich es irgendwie ahnen. Seltsam."

„Gar nicht seltsam", führt meine *Stimme* fort. „Denn durch deine Entführung eben in eine parallele Realität von dir hast du dich an das Bewusstsein von Fred angekoppelt. Mit diesem Anteil von dir habe ich nämlich schon viel früher Kontakt gehabt als mit Moni..."

„He, das musst du mir aber jetzt wirklich erklären", meldet sich nun mein Verstand zu Wort. „Wie kannst du vorgeben, MEIN Wahres Selbst zu sein und Fred auch so etwas vormachen? Spielst du ein Spiel mit uns oder was ist hier los?"

„Moni, nur du selbst kannst dir diese Antwort geben, indem du sie fühlst. Kein gesprochenes Wort wird jemals ein Gefühl ersetzen. Wenn du noch einmal in dein Gefühl als Fred gehst, dann hast du sofort die wahrhaftigste Antwort, die du je hattest. Lerne zu fühlen und nicht nur zu hören. – Was hast du also gefühlt?"

„Ich fühlte mich, als wäre ich er. Und nun wage ich gar nicht auszusprechen, was ich vermute. Wenn Fred in einer parallelen Realität von mir lebt, dann lebe ich dort sogar noch andere Identitäten, andere Bewusstseinsstufen. Wie kommt es dann, dass ich davon als Moni nichts weiß? Wenn ich auch Fred bin, dann müsste ich doch seine Erkenntnisse auch zur Verfügung haben. Warum muss ich als Moni dort erst hinfinden?“

Meine *Stimme* hat natürlich wieder die passende Antwort. „Ganz einfach. Weil es deine Entscheidung ist, verschiedene Rollen in diesem Realitätsspiel – der Dualität – zu spielen. Für jede Rolle hast du sogar gewisse Regeln, so etwas wie ein Drehbuch erstellt, wann und wie und wo du sie spielen willst. Auf welche Weise du zu Erkenntnissen kommen willst. Gerade eben hast du durch deine Zustimmung zur Verbindung mit Fred eine Tür von dir zu seinem Bewusstsein geöffnet – besser gesagt, zu einem weiteren Teil von deinem eigenen Bewusstsein. Wenn ich nun sage, dass ich nicht nur euer beider Wahres Selbst bin, sondern von unzähligen deiner Teile, die gerade irgendwo Erfahrungen sammeln, dann stimmt das ebenso.“

Das muss ich erst einmal verarbeiten. „Oh man, mir raucht echt der Kopf...“

„Lass doch endlich mal den Kopf beiseite. Oder hat der dir bisher immer deine vielen Fragen beantworten können?“

„Hm.“ Meine *Stimme* kennt mich wirklich sehr gut.

„Siehst du. Und nun geh ich noch einen Schritt weiter. Wenn ich dir jetzt sage, dass es – rein theoretisch – sogar möglich wäre, dass du die Gefühle jedes Menschen, der existiert und jeder anderen Form, die du wahrnimmst, fühlen kannst. Was würdest du dazu sagen?“

„Erst einmal gar nichts. Ich kann es mir einfach nicht vorstellen.“

Mein Verstand ist inzwischen längst auf der Strecke geblieben und versteht gar nichts mehr. Doch das hält meine *Stimme* nicht davon ab weiterzureden.

„Soll ich dir etwas verraten... Du wirst es tatsächlich bald können. Du wirst sogar nach Möglichkeiten suchen und sie auch finden, wie du es anderen Menschen beibringen kannst. Es wird eine Passion von dir sein, die Menschen wieder ins Fühlen zu bringen, in ihr eigenes Gefühl. Sie werden durch dich lernen, in Kontakt mit ihrem eigenen Wahren Selbst zu kommen und ihre Antworten dort – und nicht bei anderen – zu finden. Na, wie fühlt sich das für dich an?“

„Super! Einfach unermesslich! Mehr kann ich dazu gar nicht sagen – und weißt du auch warum? Ich FÜHLE es – ich FÜHLE es wirklich! Gigantisch! Großartig! Es ist so, als wäre es bereits wahr!“

„Es IST wahr! Du wirst den Menschen die Wahrheit zurückbringen – ihre eigene Wahrheit über sich selbst: Wisse – AUCH DU BIST GOTT!

Und wer es nicht versteht, dem wirst du das folgende Gleichnis erzählen....“

Ich bin gespannt, was meine *Stimme* mir dazu erzählen wird.

Trennung ist eine Illusion – du bist Gott

„Fassen wir mal zusammen. Du kannst es zwar ein bisschen fühlen, Alles-Was-Ist zu sein – Gott zu sein –, aber nicht beschreiben. Wie auch? Alles-Was-Ist lässt sich nicht beschreiben. Es ist eben Alles-Was-Ist. Doch wie würden die Menschen darauf reagieren, wenn du ihnen sagst, wer sie wirklich sind?“

Daran hatte ich noch gar nicht gedacht. „Wahrscheinlich würden sie mich für größenwahnsinnig halten und mir auf keinem Fall glauben.“

„Genau so ist es. Sogar du selber bist noch nicht vollkommen überzeugt davon. Darum werde ich dir jetzt eine Metapher geben, die in ihrer Einfachheit jeden überzeugen wird, sozusagen aus dem Leben gegriffen, ein simples Beispiel, das zum ‚Aha-Erlebnis‘ führt. Es ist – der menschliche Körper mit all seinen Zellen. Dieser Körper in seiner Gesamtheit ist in unserem Beispiel nun Gott – Alles-Was-Ist.“

„Da fällt mir gerade ein Bibelspruch ein“, höre ich mich mehr zu mir selbst sagen. „Gott hat den Menschen nach seinem Ebenbild erschaffen. Ist das so gemeint?“

„So könntest du es für dich definieren, wenn es dir weiterhilft. Du verstehst jedenfalls, was ich meine.

Dieser Körper besteht aus unzähligen einzelnen Zellen, die alle eine ganz spezielle und wichtige Aufgabe erfüllen. Manche Zellen haben sich zu einer bestimmten Aufgabe vereinigt. Die Haut, die Haare, die Fingernägel, das Herz, der Magen, die Leber, der Darm, das Gehirn – sie sehen alle unterschiedlich aus und funktionieren auch unterschiedlich. Wenn eine einzelne Zelle ausfällt, übernehmen die anderen ihre Aufgabe mit. Ständig sterben Zellen ab und erneuern sich wieder, ständige Veränderung also. Trotz aller Individualität stehen sie doch alle miteinander in engem Funkkontakt sozusagen. Wenn eine Zelle sich verändert, wissen das ganz automatisch auch alle anderen Zellen. Sie stehen immer in Verbindung – sie sind eins, ein Körper."

Ich muss wieder unterbrechen: „Halt – dazu kommt mir gerade eine Geschichte in den Sinn. Die mit dem 100sten Affen. Als der 100ste Affe durch Ausprobieren etwas anders machte als die anderen, machten es alle anderen plötzlich auch, ohne davon zu wissen. Die Geschichte soll sogar wahr sein. Aber erzähl weiter..."

„Du beginnst zu verstehen, was Eins-Sein wirklich bedeutet. Nun wieder zurück zu unserem Körperbeispiel:

Dir ist bekannt, dass eine winzige Körperzelle ausreichen würde, um damit den ganzen Menschen in seiner Vollkommenheit neu entstehen zu lassen – zu klonen, wie man es nennst. Ein vollkommenes Abbild des vollkommenen Körpers, und das aus einer winzigen, vielleicht unbedeutend erscheinenden Zelle. Verstehst du, was ich damit sagen will?", fragt meine *Stimme* bei mir nach.

„Absolut. Jetzt wird mir so einiges klarer. Das ist ja ein Beispiel erster Sahne. So etwas hätte mir ja schon längst mal einfallen können. – Ach ja, ist es ja auch ... stimmt sogar."

Inzwischen weiß ich nicht mehr, wer oder was ich überhaupt bin... Doch nun beginne ich das gesamte Ausmaß zu erahnen: „Meine Güte, willst du damit sagen, dass wir diese Zellen von Gott – Alles-Was-Ist – sind und über Wahnsinnskräfte verfügen könnten? Warum tun wir's dann nicht?"

„Zum einen, weil ein Wesen in Menschengestalt riesige Angst vor seinen eigenen Kräften hat – und zum anderen, weil die meisten von euch es noch nicht wissen. Die Zellen eures Körpers wissen ja auch nicht, dass sie die Kraft des ganzen Körpers haben. Dieses Wissen ist nur latent in ihnen vorhanden, sozusagen abrufbar, wenn es geweckt wird. Gott, Alles-Was-Ist – in diesem Fall das Gesamtwesen Mensch – erfährt so durch seine verschiedenen Zellen auf einzigartige Weise eine Fülle von unterschiedlichen Erfahrungen. Und nun überlege mal, wie der Körper – jeder von euch – entstanden ist."

Ich bin verblüfft. „Mensch Meier – äh du, das ist ja einfach. Das ist ja genauso wie die Geschichte, die du mir mal vom Paradies und unserem Beginn erzählt hast. So funktioniert auch die Zellteilung. Phänomenal, das alles. Wirklich phänomenal! Und soooo einfach. Mein Gott, warum kam ich da nicht selber drauf? Jetzt versteh ich so einiges – und ich kann sogar ein bisschen verstehen, dass ich auch Gott bin – Alles-Was-Ist."

Freude klingt in meiner *Stimme* mit, als sie mir bestätigt: „Ja, das bist du – und Alles-Was-Ist ebenso. Trennung ist nur eine Illusion, die von Gott – also auch dir – geschaffen wurde, um in möglichst vielen unterschiedlichen Teilen Erfahrungen machen zu können, die nur in der Begrenztheit möglich sind."

„Das versteh ich endlich – glaube ich jedenfalls. Aber sag mir doch mal, warum sollte ich denn Angst vor meiner Kraft haben? Ich fände es superklasse, wenn ich nun zur Superfrau mutieren würde. Das würde so einiges leichter machen."

Mit unendlichem Mitgefühl klärt mich meine *Stimme* weiter auf. „Deine Angst stammt noch aus der Leere nach dem Nebel, dort wo du deine Schöpferkräfte entdeckt und auch angewendet hattest. Da ist nämlich so einiges schiefgelaufen bei deinen ersten Experimenten ... würdest du jetzt jedenfalls sagen. Im Grunde stimmt das ja nicht, weil es wiederum nur Erfahrungen waren.

Du hast in deiner Unerfahrenheit Dinge erschaffen, die du später lieber rückgängig gemacht hättest. Du hast erkannt, dass Zerstörung und Kampf nicht das ist, was dich weiterbringt. Und so hast du dir irgendwann einen Code – sozusagen – ausgedacht, um deine Kräfte einzugrenzen. Du selbst hast entschieden, diesen Code zu vergessen, um dich und andere vor deinen eigenen Schöpfungen zu schützen.

Erst jetzt bist du bereit, wieder an deine gesamte Kraft zu kommen – wieder zu Allem zu werden, was du bist. Allein deine Bereitschaft dazu hat mich gerufen und dir ermöglicht, mich zu hören. Ich werde dir auch noch verraten, wie du diesen Code entschlüsseln kannst. Vorher gibt es allerdings noch einiges, was du wissen musst.

Ach ja ... hättest du nicht Lust, deinen Peter wiederzusehen?"

„Oh Gott, Peter! Wahnsinnig gerne, natürlich! Wie konnte ich mich inzwischen so weit verlieren, dass ich gar nicht mehr an ihn gedacht habe?"

„Du hast dich nicht verloren – sondern wiedergefunden. Und nun kannst du Peter davon erzählen. Wenn du jetzt einschläfst, wirst du neben ihm aufwachen..."

Oh Himmel, meine Freude ist unbeschreiblich! Und schon bin ich auf meiner Wiese eingeschlafen...

TEIL III: WILLKOMMEN IN DER NEUEN ENERGIE

Ein neues Erwachen

Die Sonne blinzelt mir ins Gesicht. Ein Amselmann zwitschert fröhlich und lautstark sein Frühlingslied ... ach, wie ich das liebe.

Ich öffne meine Augen und fühle mich immer noch wie in einem wunderschönen Traum. Ach, war das schön. Irgendwie mag ich gar nicht richtig wach werden und schließe gleich wieder meine Augen.

Doch ich kann nicht mehr weiterträumen, denn ... ich bin nicht allein! Es ist dieses Mal nicht meine Stimme, nein – es ist PETER, den ich neben mir spüre!

Und plötzlich bin ich hellwach. Peter – mein über alles geliebter Peter. Ach, wie ich mich nach ihm sehnte. Es kommt mir wie eine Ewigkeit vor, dass wir uns nicht mehr gesehen haben.

Mich erfasst eine solch unbeschreibliche Wiedersehensfreude. Es gibt einfach keine Worte für dieses tiefe Glücksgefühl, das mich gerade durchströmt.

Ihn zu riechen, ihn zu sehen, ihn mit allen Sinnen wieder zu spüren. Ach, wie hatte ich das vermisst! Erst jetzt wird es mir wieder in vollem Umfang bewusst.

Ich spüre seine Körperwärme und halte ihn plötzlich so fest, dass er mich ganz verwundert ansieht.

„Du musst ja etwas Seltsames geträumt haben... So stürmisch habe ich dich schon lange nicht mehr erlebt. Es ist ja fast so, als hätten wir uns ein halbes Jahr lang nicht gesehen."

Ich kann mein Wiedersehensglück immer noch nicht fassen und strahle Peter an. „Ja, genauso ist es wohl auch. Ich war sehr weit weg von dir – und unendlich lange Zeit."

„Ach, jetzt beginne ich zu ahnen, wo du wieder mal warst." Peter schaut mich neugierig an. „Na, wie war es denn dieses Mal? Erzähl doch... In welcher Dimension bist du denn nun gewesen?"

„Ach, weißt du, das ist eine sehr lange Geschichte. Es wird einige Zeit dauern, bis ich sie dir erzählt habe. Ich war sicher ziemlich lange weg, oder?", frage ich Peter.

„Na ja, wie man's nimmt. Für mich warst du immer bei mir. Woran kannst du dich denn noch erinnern?"

„Wenn ich das wüsste..." Mir scheint der Anschluss an diese Realität tatsächlich im Moment zu fehlen.

„Die Erinnerung an meine letzten Erlebnisse ohne dich sind wesentlich klarer. Ach, weißt du was, ich erzähl es dir am besten beim Frühstück. Doch vorher ... möchte ich dich mal wieder so richtig genießen – mit allen Sinnen, mit Haut und Haar..."

Eine Stunde später...

Ich stehe auf und stelle fest, dass ich mich erst einmal wieder in meiner alten Realität zurechtfinden muss. Alles fühlt sich irgendwie fremd an, obwohl es mir vertraut ist. Auch mein Zusammensein mit Peter war anders als zuvor – freier und intensiver.

Das letzte, woran ich mich im Moment erinnern kann, ist meine Entführung in eine andere Welt. Und ... dass ich alleine in der Wohnung war. Dass Peter .... nun, jetzt ist er ja wieder da!

Das alleine ist ein Geschenk, das mir nun erst in vollem Ausmaß bewusst wird. Und doch ... etwas hat sich verändert, das ich noch nicht so ganz erklären kann. Ich liebe ihn – ja – doch es fühlt sich ganz anders an als vorher. Ist dieses Gefühl noch tiefer geworden? Kann es das überhaupt...?

Ich kann es nicht sagen – noch nicht...

~~~~

Es ist Frühling und ich bin wieder in meiner alten Realität. Die Erde hatte sich inzwischen weitergedreht, Menschen wurden geboren, Menschen gingen von dieser Erde, kleine und größere Katastrophen passierten, Aktienkurse rasten auf und ab – der ganz normale Wahnsinn halt. Das, was wir Realität nannten.

Doch etwas in mir hatte sich verändert. Ich fühle mich irgendwie anders. Ich sehe die Dinge anders, nehme alles anders wahr. Nein, Drogen hatte ich keine genommen, das weiß ich ganz sicher. Doch – was ist es dann?

Plötzlich meldet sich – völlig unerwartet – meine *Stimme* wieder. „Natürlich kannst du die Dinge nicht mehr so sehen wie vorher. Du bist zwar in deiner alten Realität, doch du bist nicht mehr so sehr Teil von ihr – wie zuvor."

Jetzt wird mir einiges klar und die Erinnerung an meine Träume
~~~~

steht wieder vollständig vor mir. Oh nein, das war kein Traum. Das alles war – REALITÄT! Meine *Stimme*, meine Gefühle, sie scheinen mir viel realer zu sein als alles andere um mich herum.

Meine *Stimme* weiß – wieder einmal – genau, was in mir vorgeht und die Bestätigung lässt nicht lange auf sich warten. „Du bist nicht mehr die gleiche wie zuvor. Und doch sieht es für andere erst einmal so aus. Zumindest was deinen Körper betrifft. Doch es gibt etwas, das nie mehr so sein wird wie zuvor. Es ist ... dein BEWUSSTSEIN!"

Ich beginne zu verstehen, was meine *Stimme* meint – und muss es mir durch meine eigenen Worte nochmals bewusst machen: „Für mich ist es so, dass ich etwas, das ich jetzt weiß, das ich gefühlt habe, nicht mehr ungeschehen machen kann. Ich kann es nicht mehr entwissen. Ich muss nicht mehr glauben, dass ich DU bin – ich WEISS es. Und das macht den Unterschied."

Meine *Stimme* spricht nun unglaublich sanft und doch in sehr klaren Worte: „Du wirst nun nach und nach deine bisherigen Positionen in deiner bis jetzt gelebten Realität verlassen. Als erstes wird es deine Arbeitsstelle sein, auf die längst andere Menschen warten, die deine Erfahrung dort weiterführen wollen. Du wirst es genau spüren, wann der passende Zeitpunkt dafür sein wird. Und ... du wirst dich dann entscheiden müssen, für den alten oder einen neuen Weg.

Der neue Weg hält Leichtigkeit und Freude für dich bereit, sobald du sie in deinem Leben annehmen, sie dir selbst erlauben kannst. Diese Erlaubnis ist wichtiger als du denkst.

Wenn du allerdings lieber den anstrengenden Weg wählst – wie bisher –, dann wirst du gegen viele Wände laufen. Es wird nicht sehr gut funktionieren.

Und noch etwas ist es, das ich dir unbedingt sagen muss. Du hast eine Aufgabe, eine Seelenaufgabe hierher mitgebracht – in dieses Realitätsspiel auf der Erde. Ich hatte es dir bereits gesagt, doch nun möchte ich dich wieder daran erinnern.

Es gibt Menschen, die darauf warten, dass du damit beginnst. Sie werden zu dir finden, auf ganz unterschiedlichen Wegen. Und du wirst genau wissen, was du ihnen zeigen kannst – und wie du es kannst.

Bist du bereit zu deiner wahren Aufgabe – zu deinem Seelen-Auftrag, deiner Passion?"

Ich kann in diesem Moment nicht anders, als mit einem klaren „JA" zu antworten ... auch wenn ich überhaupt noch nicht weiß, was mich erwartet.

Der Beginn eines neuen Spiels

Ich bin immer noch in dieser Realität. Wieder ist es Winter geworden und ich habe tatsächlich vor einigen Monaten meine Arbeitsstelle verlassen. Es waren seltsame, fast ein wenig mysteriöse Umstände, die mich dazu trieben. Anscheinend waren sie dafür da, um mir zu meinem neuen Glück zu verhelfen – was auch immer das sein sollte.

Ich muss gestehen, dass ich es sehr genieße, endlich Zeit zu haben. Zeit für all die Dinge, die viele Leute unsinnig nennen würden. Ich verbringe den Tag mit ... Spielen, setze stundenlang Puzzle zusammen, und ich genieße sogar das Nichts-Tun. Dabei habe ich nicht einmal ein schlechtes Gewissen. Es ist geradezu, als würde ich eine verlorene Zeit aus der Kindheit nachholen. Es ist einfach wunderbar – doch ist es wirklich so unsinnig? Kann Freude, die im Moment empfunden wird, tatsächlich unsinnig sein?

Den Kontakt mit meiner *Stimme* habe ich nicht vergessen. Es ist gerade so, als ob es gestern gewesen wäre. Und doch ist es auch unendlich lange her – viele, sehr viele Monate mittlerweile... Warum hat sie sich so lange nicht gemeldet? War es doch nur so etwas wie ein Traum?

Mittlerweile habe ich sogar eine eigene Homepage. Auch an diesem Spielzeug, meinem Computer, habe ich schon lange meine Freude entdeckt. Sollte das vielleicht meine Passion sein, von der meiner *Stimme* einst gesprochen hatte?

Nein, das fühlt sich sicherlich anders an. Dass mir etwas Spaß macht – das allein kann doch keine Passion ausmachen. Wenn das so einfach wäre, dann hätte ich eine Menge Passionen.

Wenn ich mich recht erinnere, sprach meine *Stimme* doch auch davon, dass ich anderen Menschen dabei helfe, den Kontakt zu ihrem eigenen Wahren Selbst zu finden. Jetzt wird mir klar, warum ich genau diesen Namen für meinen Auftritt in der großen weiten Welt des www gewählt habe: Gott in Dir!

Genau – das ist es: Gott ist in Dir! Doch reicht der Name allein aus? Wie soll ich das anderen Menschen vermitteln, so dass sie es auch spüren können? Und wie finden sie zu mir?

~~~~
~~~~

Peter und ich sitzen uns gemütlich auf dem Sofa gegenüber. Ich liebe es, mit ihm zusammenzusitzen, zu philosophieren und uns gegenseitig zu inspirieren.

Plötzlich kommen wir auf eine sehr verwegene Idee, besser gesagt, Peter: „Was wäre, wenn ... wir mal die Rollen tauschen? Wenn wir Ich bin Du spielen?"

Er schmunzelt. „Du kennst ja nun dein Wahres Selbst. Doch willst du es nicht auch einmal fühlen? Ich jedenfalls würde schon ganz gerne wissen, wie DU dich anfühlst."

Die Idee ist genial, ich bin begeistert. „Meinst du, es reicht, wenn wir einfach nur die Absicht haben, es zu tun?"

Peter ist sofort dabei. „Moni, lass es uns doch einfach ausprobieren, uns einfühlen. Mal sehen, was dann passiert..."

Und schon beginnen wir ... wir fühlen uns ein in das Wahre Selbst des jeweils anderen.

Doch genauso plötzlich, wie uns diese Idee kam, breche ich dieses Experiment auch schon wieder ab. Es ist zu unglaublich und ... ich habe auch Angst. Ich hatte nämlich tatsächlich für einen Moment das Gefühl, Peter zu sein. Ich konnte ihn fühlen... Es war so, als würde ich die Welt mit seinen Augen sehen. Ein tolles Gefühl, ja wahrhaftig! Doch auch gleichzeitig irgendwie unheimlich – und neu.

Wir sind beide verblüfft, wie leicht es ging. Auch er hatte das Gefühl, ich zu sein. Und – auch ihn beschlich eine seltsame Angst dabei, dieses Experiment fortzusetzen.

~~~~

Wieder ein paar Monate später...

Wir haben uns einen lang gehegten Wunsch erfüllt: endlich einmal in einer Hütte in den Tiroler Bergen Weihnachten zu feiern.

Es ist noch früh am Morgen und ich schaue aus dem Fenster. Mir gegenüber steht der Zahme Kaiser, groß und mächtig. Und ich genieße diesen Anblick, der mir wie ein Traum vorkommt. Wir sind tatsächlich in den Bergen, inmitten einer wunderschönen märchenhaften Schneelandschaft. Unzählige Eiskristalle glänzen in der Morgensonne und zaubern eine unwirkliche und heilige Atmosphäre. Eine Stille, die ich einfach nur als göttlich bezeichnen kann...

Ich fühle mich wie ein Kind, das in ein Bilderbuch eingestiegen ist.
~~~~

Ein Bilderbuch, das sich sehr real anfühlt und ... sehr kalt. Brrrr... jetzt merke ich erst, wie die Kälte durchs geöffnete Fenster dringt. Ich schließe es und mache mich auf den Weg in unser Gemeinschaftsbad.

Nebenan höre ich die ersten wachen Stimmen. Es sind ein paar Kinder aus unserer Gruppe, die ihre Freude über die weiße Pracht nicht zügeln können.

Kurze Zeit darauf sitzen wir mit den anderen am Frühstückstisch und freuen uns auf diesen gemeinsamen Tag. Weihnachtsmusik klingt aus dem Hintergrund und wir beschließen, einen Spaziergang am Hintersteiner See durch die verschneite Landschaft zu machen.

In dicke Stiefel und Schneeanzüge gehüllt, die Kinder auf den Schlitten, machen wir uns auf den Weg. Sanft und leise fallen unzählige weiße, weiche Flocken vom Himmel und decken die Erde zu. Schöner kann Weihnachten einfach nicht sein.

Der See ist zugefroren, der Weg dick verschneit, die Luft klirrend vor Kälte. Unser Atem scheint zu gefrieren, sobald er uns verlässt. Irgendwie erinnert mich das hier an das Märchen Die Schneekönigin. Nein, unsere Gefühle sind nicht zu Eis geworden. Sie sind sogar stärker als jemals zuvor. Es wird sich bald zeigen, wie stark.

~~~~

Eine wundervolle – und auch anstrengende – Woche des Gemeinschaftslebens ist zu Ende. Peter und ich haben mit allen Sinnen diese weiße Traumlandschaft genossen. Wir kennen mittlerweile jeden Weg, jedes Haus in der Umgebung und haben jede Möglichkeit, mit dem Schlitten abwärts zu fahren, genutzt.

Diese Woche mit einer Gruppe von Gleichgesinnten zu erleben, war schon ein besonderes Erlebnis. Das neue Jahr gemeinsam zu begrüßen ... dem kleinen Feuer zuzuschauen, wie es nach Stunden langsam im Schnee verglühte... Die Freude der Kinder zu erleben, wie sie mit roten Gesichtern und nassen Sachen nach stundenlangem Toben im Schnee wieder hereinkamen... Es war wirklich eine schöne gemeinsame Zeit, die morgen beendet sein wird.

Nun sitzen wir alle beisammen, im gemütlichen Seminarraum und lassen die Eindrücke an uns vorüberziehen. Die Kinder sind längst im
~~~~

Bett und wir stellen fest, dass uns der Abschied voneinander sichtlich schwer fällt. Viel haben wir miteinander erlebt und jedes Erlebnis, jedes Gespräch hat uns einander näher gebracht.

Plötzlich, ohne weiter darüber nachzudenken, erzähle ich von meinem Experiment mit Peter, von unserem Spiel mit dem Wahren Selbst. Und das setzt etwas in Gang, das zu einem Beginn für mich wird – dem Beginn einer großen Begeisterung.

Zwei Frauen aus unserer Gruppe wollen das sofort ausprobieren. Nachdem wir die ganze Woche über schon in alle möglichen Rollen geschlüpft waren und dadurch vieles erkannt hatten, war nun ein Stein ins Rollen gekommen, der nicht mehr aufzuhalten war.

Sie wollen ihr Wahres Selbst spüren – unbedingt. Sie wollen es anfassen und mit ihm sprechen.

Nur ... wer kann und will diese Rolle übernehmen?

Niemand meldet sich freiwillig, jeder hat eine gewisse Scheu davor. Nun – ich erkläre mich nach langem Zögern bereit, es zumindest auszuprobieren. Irgend etwas in mir drängt mich förmlich dazu, es zu tun. Dieses Mal ist es nicht meine innere Stimme. Die scheint gerade irgendwo unterwegs zu sein, nur nicht bei mir.

Himmel, steh mir bei. Was tu ich da eigentlich? Kann ich mir anmaßen, so etwas tatsächlich zu spielen? Ist das nicht etwas sehr Hohes, Heiliges?

Doch was ist, wenn sich jemand diesen Kontakt so sehr wünscht – so wie jetzt gerade Renate? Warum sollte ich ihr diesen Wunsch abschlagen? Wo ich doch genau weiß, wie wunderbar dieses Erlebnis ist...

Ich nehme also diese Rolle an – voll und ganz. Ich erkläre mich bereit, Renate diesen Wunsch zu erfüllen und es wirklich zuzulassen. Auch ihr Verstand und ebenso ihr Gefühl sind in körperliche Rollen geschlüpft. Ich sehe sie neben ihr sitzen. Sie schauen mich alle voller Erwartung an.

So sitze ich nun Renate gegenüber und sehe ihr tief in die Augen. Ich höre mich Worte sagen, die mein Verstand nicht mehr steuern kann. Sie hören sich wunderbar an... Woher weiß ich das alles? Es ist einfach unbeschreiblich und mich erfüllt ein völlig neues Gefühl...

Einen Tag später, nach diesem Spiel, das völlig außerhalb von Raum und Zeit stattzufinden schien, erzählt mir Renate von ihrem Erlebnis, das mich sehr beeindruckt:

„Am tollsten war für mich die Begegnung mit dem Wahren Selbst. Ich konnte es deutlich spüren. Mein Gefühl war die pure Freude, und ich fühlte mich sehr verbunden mit ihm, hielt es die ganze Zeit im Arm. Meinen Verstand wollte ich anfangs kaum wahrnehmen, und er fühlte sich abgelehnt. Er war so etwas wie ein Stiefkind für mich, saß ein Stück abseits. Ich war mir bislang nicht bewusst darüber gewesen, dass ich meinen Verstand so sehr ablehne. Das Gefühl ist in den letzten Jahren zwar stetig in meinem Ansehen gestiegen, aber dass das so auf Kosten des Verstandes ging, war mir neu. Das Verrückte war, dass ich meinen Verstand ganz bewusst rechts liegen ließ, so als wäre er etwas Schlechtes.

Es war wunderschön, meinem Wahren Selbst gegenüberzusitzen. Bisher habe ich das nie wahrgenommen. Diesen Teil von mir, der nicht hier in diesem Körper ist. Es war eine Freude in mir, die an eine Ekstase heranreichte – und dann ja auch vom Gefühl ausgedrückt wurde. Ich wollte nichts sagen, nichts denken, nur fühlen. Ich weiß kaum noch, was das Wahre Selbst sagte. Der Kontakt zwischen uns war sehr gut und es meinte so etwas wie ... dass ich kurz vor dem großen Durchbruch stünde. Und dass ich meinen Verstand noch integrieren müsse, um meine Göttlichkeit ganz anzunehmen.

Ich zog dann meinen Verstand zu mir heran und nahm auch ihn in den Arm. So saß ich da, mit Gefühl und Verstand an meiner Seite, im Angesicht meines Wahren Selbst. Mir fehlen die Worte, um auszudrücken, wie glückselig ich war. Jetzt, wo ich dir das erzähle, ist es wieder da – dieses Gefühl.“

War es das, was meine *Stimme* meinte, als sie mir sagte, ich würde die Menschen mit ihrem Wahren Selbst verbinden? Es fühlte sich ganz danach an, und dieser Abend war tatsächlich der erste Schritt auf einem ganz neuen Weg, dem Weg in die Neue Energie – in die Geburtsstunde einer neuen Schöpfung: keine Workshops über den Verstand – sondern Playshops mit spielerischer Leichtigkeit und Freude.

Doch ich spürte, dass es nur ein kleiner Teil von vielen Potenzialen war, dass es da noch mehr geben musste – noch viel mehr...

Erkenntnis des Eins-Seins

„So, nun wird es Zeit, dass wir mal wieder miteinander reden. Du bist lange genug vor dir selber davongelaufen. Und das ist jetzt vorbei. Du bist nämlich bereit, die Tür für deinen eigenen Quantensprung zu öffnen."

Wieder einmal hatte das, was sich mir als „Ich bin Du" vorstellte, lange Zeit geschwiegen. Sehr lange Zeit, es waren Jahre. Ich glaubte mittlerweile manchmal schon, es wäre alles nur Einbildung gewesen, nichts als eine Illusion. Und nun diese klare Rückmeldung – in einem Moment, wo ich überhaupt nicht mehr damit gerechnet hätte.

„Hey, da bist du ja wieder! Und dann mit solchen Neuigkeiten. Quantensprung – na, wenn du meinst? Dann erzähl mal."

„Oh nein! Wenn du glaubst, ich erzähle dir jetzt etwas und du hörst einfach nur zu... Nein, diese Zeiten sind vorbei. Ein für allemal. Du hast dir in den letzten Monaten einiges an Wissen angeeignet, wie du es nennst. Du hast dieses Wissen auch ausprobiert, mit Erfolg. Doch all das gehört nun in dein Herz gebracht und dort ist es einfach noch nicht angelangt.

Du sagst selber von dir, du willst ein Lehrer, ein Begleiter für andere sein. Und du fragst dich, warum um alles in der Welt nur so wenige etwas von dir lernen wollen? Stimmt's? Du warst schon ganz schön verzweifelt deswegen... Darum hast du mich gerufen und gebeten, dir mit Erkenntnissen zu helfen. Gerade in den letzen Tagen hast du ein klares und deutliches JA zur Veränderung in deinem Leben ausgesprochen. Die kann und werde ich dir heute bringen. Du wirst dich noch wundern, denn das wird alles in dir – und um dich herum – verändern."

Einen Moment zögere ich noch, ob ich das wirklich will – frage mich, auf was ich mich da jetzt wohl einlasse. Doch dann spüre ich dieses JA sehr deutlich in mir. Klar und unmissverständlich. „Okay, ich bin jetzt wirklich bereit. Du hast Recht. Na, dann leg mal los..."

„Loslegen... Womit?"

„Na, mit dem, was du mir bringen willst."

„Das bringst du dir ganz alleine, Moni. Hast du etwa schon vergessen, dass ICH DU bin? Ich kann dir gar nichts bringen, was du nicht längst hast. Der einzige Grund, warum ich mit dir wieder so deutlich Kontakt aufnehme, ist dein Ruf und sehnlichster Wunsch nach

Vollkommenheit – nach Einssein mit dir selbst. Du willst jetzt wirklich voll und ganz in deine Schöpferkraft eintreten – und damit deine Eigenverantwortung für dich selbst – annehmen. Und weil ich dich kenne wie sonst niemand und ständig bei dir bin, weiß ich in jedem Moment, was du wirklich willst. Und – ganz wichtig – was du zulässt!“

„Meinst du denn, dass ich das die ganze Zeit vorher nicht wirklich zugelassen habe?“, frage ich erstaunt.

„Nein, wie du selber schon sagst: nicht wirklich. Du hattest immer noch große Angst vor deiner eigenen Schöpferkraft. Angst vorm Loslassen, Angst vor Veränderungen. Eigentlich hattest du Angst vor dir selber. Und darum hattest du zwar diese Sehnsucht, diesen Wunsch in dir, doch deine Angst hat dich sehr stark davon abgehalten. Erst heute bekam ich deinen klaren Impuls, dass du bereit bist für die nächste Stufe – für den Quantensprung in dir selbst.“

Ich staune. „Wow! Das hört sich ja nach einem großartigen Erlebnis an.“

„Ja, das ist es auch. Du hast es dir sogar selber als Weihnachtsgeschenk gewünscht. Auch wenn dein Bewusstsein jetzt überhaupt nichts davon weiß. Du bist jetzt so weit, dass du dir selber dieses ganz besondere Geschenk machst, weißt du!“

Langsam werde ich ungeduldig. „Ja, lange Rede kurzer Sinn. Nun komm doch mal auf den Punkt. Wie gelange ich denn jetzt zu diesem Wahnsinnserlebnis?“

„Geduld, Geduld! Ich weiß, das ist nicht eine deiner Lieblingseigenschaften. Und damit kommen wir schon zur Einleitung. Du selber wirst jetzt diese Tür in dir öffnen, indem du mir ein paar ganz einfache Fragen beantwortest. Bist du bereit?“

„Ja klar, leg los.“

„Nehmen wir doch gleich einmal das Beispiel mit der Geduld. Das ist eine Eigenschaft, die du manchmal liebend gerne hättest, stimmt's? Und Ungeduld, die hasst du geradezu, an dir und auch an anderen.“

„Hm.“ Mehr fällt mir dazu nicht ein, denn mein Du hat mal wieder den Punkt getroffen.

„Ich sage dir jetzt mal etwas. Beides hast du, zu gleichen Teilen. Oder sollte ich besser sagen, du hattest beides zu gleichen Teilen? Das würde es nämlich besser treffen. Um diese Realität hier in der Dualität aber besser erleben und hier besser spielen zu können, hast du dir einfach ein paar Mitspieler genommen und die unbequemeren Teile deines Selbst auf sie verteilt. Da gibt es zum Beispiel eine Petra in deinem Umfeld, die dich schier zur Verzweiflung bringt mit ihrer Ungeduld?“

„Ja, aber was hat die denn jetzt damit zu tun?“, frage ich empört.

„Siehst du? Du weißt nicht einmal mehr, dass sie von dir als Mitspielerin ausgewählt wurde, um diese Unart für dich zu spielen. Oder sollte ich besser sagen – spiegeln? Das kennst du doch schon lange, das Spiegelgesetz. Und du hast sogar gesagt, dass du es akzeptierst... Oder?“

„Ja, stimmt. Doch so richtig verstanden hab ich das bisher nicht – nur irgendwo in mir das Gefühl gehabt, dass da etwas dran ist.“

Mein Wahres Selbst – mein Du ist unerbittlich. „Du brauchst in der Realität der Dualität bzw. dem Spielfeld der Dualität Mitspieler – Spiegel –, um dich selber in ihnen zu sehen. Genauso wie du einen Spiegel brauchst, um deinen Körper zu sehen. Es gab einen Zeitpunkt, an dem du den Spielplan für dieses Realitätsspiel aufgestellt hast. Die Rollen dafür hast du dir gut ausgewählt und dann sorgsam verteilt. Alles, aber auch wirklich alles, was dir im außen auffällt, was dich im Herzen berührt, ist eine Energie, die zu dir gehört. Ausnahmslos alles, und das meine ich mit aller Konsequenz! Weißt du, was das bedeutet?“

Langsam beginne ich zu verstehen. „Ja, es kommt da eine leise Ahnung in mir hoch. Das würde nämlich heißen, dass ... oh nein ... dass ich allen Mist, den ich selber keine Lust hatte zu spielen – dass ich den auf andere Mitspieler schön gleichmäßig verteilt habe. Dass es welche gibt, die meinen Frust spielen, meinen Hass und meine Mordlust, meinen Neid und ... das ist ja...“

„Jetzt findest du gerade keine Worte dafür, ich weiß...“

„Na, ich muss es erst einmal verdauen ... vor allem, dass es so einfach ist und ich es nie erkannt habe. Kann es sein, dass ich auch meinen Reichtum auf andere Spieler aufgeteilt habe? Und ihn darum nicht leben konnte?“

„Richtig. Aber nicht nur das. Du hast dann auch noch all diese Menschen dafür beschuldigt und übelst beschimpft oder hinter ihnen hergeredet. Und das alles im Grunde dafür, dass sie sich zum Mitspielen bereit erklärt haben! Sie haben dir gedient, in einer unglaublichen Weise. Es waren die Seelen, die dich am meisten geliebt haben. Hätten sie sich sonst dazu bereit erklärt?

„Oh mein Gott! Das kann ich gar nicht glauben... Wie konnte ich bisher nur so denken? Diese Menschen haben mir tatsächlich den größten Liebesdienst erwiesen. Und ich habe es nie erkannt.“

Mein Mitgefühl ist grenzenlos. Und nun zieht mein Wahres Selbst alle Register. „Weißt du jetzt, warum Jesus...?“

„Oh nein! Dem haben wir alle – und natürlich auch ich – das ganze Thema von Leid und Schuld in Auftrag gegeben. Jetzt versteh ich auch, warum sich viele in seiner Schuld fühlen. Wenn er uns dieses unangenehme Thema abnimmt und für uns bereitwillig spielt – ja, dann fühlen wir unbewusst, dass wir ihm selber diese Rolle übergeben haben. Und das löst natürlich bei uns keine so tollen Gefühle aus... Und ich versteh jetzt auch, warum es heißt, er habe die Schuld der Welt auf sich genommen ... natürlich, die Rolle, die wir ihm gegeben haben. Und dann auch noch gleich als Massenauftrag. Na, für mich muss er das wirklich nicht mehr tun. Ab jetzt ist er entlassen und kann endlich vom Kreuz steigen... Halleluja!

Ja, hey. Da kommt mir noch etwas. Was ist mit dem Thema Macht? Hab ich das auch etwa auf meine Mitspieler projiziert? Wie blöd bin ich eigentlich? Da versuch ich mit allen möglichen Mitteln, meine eigene Macht wiederzubekommen – und spiele mir lieber selber weiter mein eigenes Affentheater vor oder?“

Mein Wahres Selbst ist sichtlich erfreut über meine Erkenntnisse. „Es ist wirklich köstlich für mich, wie du dein eigenes Spielchen durchschaust und endlich – endlich – das Drehbuch wiederfindest. Ohne dieses Drehbuch hättest du nämlich machen können, was du willst. Du wärst nie an dein gesamtes Potenzial gekommen. An den verlorenen Code. An deine wahre Schöpferkraft. Glaub mir, es ist für mich die größte Freude und der Beginn eines wunderbaren Zusammenspiels zwischen uns beiden!“

„Zusammenspiel? Meinst du damit eine Vereinigung unserer Kräfte? Unserer ... äh meiner Schöpferkraft?“

Ich ahne etwas ... und mein Du spricht es auch schon aus. „Ja. Das meine ich. Was meinst du denn, was jetzt passieren wird? Natürlich nur, sofern du dazu bereit bist. Und das bist du – ich spüre es zu hundert Prozent! Und darum kannst und wirst du ab sofort das aussprechen, was du IN Dir hast – was von mir zu dir kommt. Denn es wird das Gleiche sein. Wir beide werden jetzt ein gemeinsames

Freudenfest feiern – die Vereinigung des Göttlichen und Menschlichen IN DIR!"

Mein Gefühl ist nicht zu beschreiben. Es ist, als würde Himmel und Erde sich vereinigen. Ich erlebe den Beginn von Allem-Was-Ist und gleichzeitig spüre ich die Begrenzung meines menschlichen Körpers.

„WOW! Das ist ja gigantisch ... phänomenal. Das ist das Größte, was ich je gefühlt habe. Es übertrifft sogar den winzigen Augenblick der Erkenntnis, dass ich Gott bin... Ja, ich bin es tatsächlich, und ich weiß es jetzt. Ich spüre es. Ich bin Alles – und Alles ist mit Allem verbunden. Es ist, als ob ich gerade Universen erschaffe, als ob ich ... ja, es ist wirklich mein eigener Quantensprung! Jetzt erst verstehe ich, was damit tatsächlich gemeint war.

Ich werde versuchen, es in Worte zu fassen, auch wenn es nur annähernd ein Ausdruck meines Gefühls sein kann. Diese Worte kommen aus dem Eins-Sein IN mir mit DIR, mein Wahres Selbst, meine Göttlichkeit – aus dem Einssein mit Allem-Was-Ist:

Ich bin bereit, alle Rollen, die ich auf mein Außen verteilt habe, selber zu spielen. Niemand muss mehr mein Leid, meine dunklen Seiten, aber auch nicht meinen nicht gelebten Reichtum für mich spielen. Alle Spieler brauchen nur noch ihre eigenen Spiele zu spielen, sofern sie noch Lust dazu haben. Für meine eigenen Energien trage ich selber die Verantwortung, denn sie gehören ganz und gar zu mir, machen meine Vollkommenheit aus."

Ich spüre in diesem Moment, wie alle Energien zu mir zurückkommen und wie der ‚verlorene Sohn' in der Bibel empfangen werden – in Liebe und aller Freude, die in mir ist. Hier empfinde ich sämtliche Energien völlig anders. Sie sind nicht das, was ich immer von ihnen dachte. Sie haben sich mir nur anders gezeigt. In diesem Augenblick – aus ihren Rollen befreit – fühlen sie sich einfach nur an wie reine, unglaublich kraftvolle NEUE Energie.

Alle zurückgekommenen Energien bringen ein Potenzial mit, das ich nicht beschreiben kann. Es ist ein Gefühl, als finde eine Kernverschmelzung in mir statt. Ich spüre zum ersten Mal, welche Macht und Stärke wahre Schöpferkraft hat. Eine nie gekannte Ganzheit erfüllt mich. Es ist ein unbeschreiblich kraftvolles und wunderschönes Gefühl und ich muss es jetzt erst einmal für mich selber integrieren, genießen ... und mit ihm spielen.

Ein neuer Name

Meine Realität ist nun eine andere geworden. Nichts ist mehr so wie zuvor. Auch der Kontakt mit meinem Wahren Selbst – meinem Göttlichen Selbst, wie ich es jetzt nenne – hat sich verändert. ES braucht sich längst nicht mehr über meine *Stimme* bemerkbar zu machen. Ich fühle es jetzt ständig in mir und brauche nur mein Bewusstsein darauf auszurichten. Es ist ... einfach anders und gleichzeitig wunderbar!

Ich brauche mich nur hinzusetzen und zu schreiben ... und ES schreibt – mit mir gemeinsam.

Ich brauche nur einen tiefen Atemzug nehmen ... und ich spüre ALLES was ich bin. Ich spüre diese Verbindung. Ich nehme sie wahr – auf eine völlig neue Art und Weise. Ich könnte ES als so etwas wie ein inneres WISSEN beschreiben. Ein Wissen jenseits des Wissens, das ich vom Verstand her gewohnt bin. Ein Wissen, das sich auf ganz unterschiedliche Weise ausdrückt. Manchmal durch Begegnungen mit Menschen, manchmal durch Fügungen, sehr oft durch plötzliche Eingebungen.

Ich schaue auf das Manuskript dieses Buches und es entsteht auf einmal eine Vision vor mir: Ich halte mein fertiges Buch in der Hand, mit einer tiefen inneren Freude. Ich spüre die Leichtigkeit, mit der es seinen Weg zum Verlag gefunden hat. Ich könnte sogar sagen, ES hat sich seinen Verlag selber ausgesucht. Oder noch besser: ES – IN MIR – hat genau den passenden Verlag gewusst und nur darauf gewartet, dass ich es beende.

Was ich allerdings über dem Titel deutlich sehen kann, ist nicht mein Name. Ganz eindeutig. Doch ich kann nicht genau erkennen, welcher Name statt dessen dort aufgedruckt sein wird. Ich muss gestehen, ich bin enttäuscht.

WAS? Ich bringe dieses Buch nicht unter meinem richtigen Namen heraus? Was sollte denn das nun schon wieder bedeuten? Heißt das gar, dass ich es gar nicht in dieser, sondern einer anderen Realität geschrieben habe? Oh nein, das bisschen Ego muss doch schon noch sein dürfen! Ich hatte es mir jedenfalls bisher immer so vorgestellt ... es meinen Freunden zu zeigen und ihre erstaunten Augen zu sehen.

Doch schon werde ich aus meinen Gedanken gerissen und...

... plötzlich nehme ich einen Stift in die Hand und schreibe auf ein Blatt Papier: Jona Mo. Und augenblicklich weiß ich: DAS ist mein neuer Name. DAS ist der Name meiner gesamten ab jetzt wirkenden Energie, der Verbindung meines menschlichen Selbst – mit meinem Göttlichen Selbst.

Diese *Stimme*, die von nun an *meine* ist und die jetzt IN mir spricht, erklärt es mir: „Dieses Buch hast du nicht alleine geschrieben. Ich meine hier mit deinem begrenzten menschlichen Bewusstsein. Es ist entstanden aus dem, was wir gemeinsam sind. Es ist ein Teil deiner Aufgabe – deiner Passion –, für die du auf die Erde gekommen bist als mein menschlicher Anteil. Dieses Buch enthält viel mehr als nur geschriebene Worte. Es enthält eine Energie, die die Seele berührt, die jedem Menschen, der es liest, sagen wird:

Erkenne, wer Du in Wahrheit bist:
Gott in einem menschlichen Spiel auf der Erde!

Der nächste Weckruf

Ich wache auf und höre klar und deutlich die Worte in mir: *„Beratungen von Gott zu Gott!“*

Und dann ist es auch schon wieder ruhig. Sehr ruhig, denn es ist noch früh am Morgen und ich fühle mich wie vom Donner gerührt.

Meine Güte, was war denn das jetzt? Es hörte sich auf jeden Fall so kraftvoll an, dass ich es nicht vergessen will und deshalb unbedingt aufschreiben muss. Da ich jetzt ohnehin schon wach bin, mache ich mich auf den Weg ins Wohnzimmer. Anscheinend wäre es künftig wohl ratsam, mir Schreibzeug ans Bett zu legen. Wer weiß, was mir da sonst noch geflüstert wird.

Nun gut, aufschreiben kann ja nicht schaden. Doch ich frage mich dabei, was ich damit wohl anfangen soll... Seltsam, diese *Stimme* war so stark und klar, fast wie ein Befehl, wie ein Befehl von einem Teil in mir selber – an mich.

Ich lege mich wieder hin, schlafe ein ... und schon bin ich in meinen Träumen verschwunden...

~~~~

Heute ist ein wunderschöner Sommertag im Juli 2005, den Peter und ich mit allen Sinnen in der Natur genießen wollen. Es ist warm, jedoch nicht heiß, so dass wir uns auf den Weg machen, um den kleinen Hang hinter unserem Haus hinaufzugehen.

Gerade als wir oben angekommen sind, von gelben Weizenfeldern umgeben, spüre ich einen inneren Ruck und wieder diese sehr klare und eindringliche *Stimme* IN mir: „Mach Beratungen von Gott zu Gott! ICH werde dich dabei unterstützen!"

Mir fällt der Satz ein, den ich vor ein paar Wochen schon einmal gehört habe und damals nur aufgeschrieben hatte. Doch nun *weiß* ich ganz genau, was ich machen muss. Der entscheidende Satz hatte damals gefehlt: die Unterstützung meines Göttlichen Selbst.

Ich schaue Peter nur ganz irritiert an und höre mich zu ihm sagen: „Ich kann nicht mehr weitergehen. Ich muss sofort nach Hause und Beratungen von Gott zu Gott auf der Homepage anbieten."

Da Peter mittlerweile einiges von mir gewohnt ist, stimmt er zu, auch wenn ich spüre, dass er keine große Lust hat, den Rückweg so schnell anzutreten.

Daheim angekommen, lasse ich den Text für mein neues Angebot einfach aus mir heraus kommen. So wie ich es mittlerweile gewohnt bin.

Seltsam – ich habe keine Ahnung, was ich da eigentlich tun soll und trotzdem habe ich dieses grenzenlose Vertrauen in mir, dass ich es kann, dass es mein neuer Weg ist. Es ist wie ein absolut sicheres inneres Wissen...

Zwei Tage später erreicht mich die erste Anfrage per Email. Oh Gott, was soll ich nur schreiben? Wie hat sie mich überhaupt so schnell gefunden? Und schon höre ich wieder diese eindeutige *Stimme* IN mir:

„Du wirst es wissen, sobald du dich aus unserer Verbindung heraus ausdehnst – und mit dem Göttlichen Selbst IN ihr verbindest, was gleichzeitig auch bedeutet: von Gott zu Gott. Du kannst es, weil diese Fähigkeit schon lange in dir darauf wartet, dass du sie in Besitz nimmst. Du hattest es nur vergessen – bis jetzt. Nun ist es an der Zeit, sie endlich anzuwenden und den Menschen zu erzählen, dass sie tat-
~~~~

sächlich ... AUCH GOTT sind! Denn das ist es, worauf ihre eigene, in ihnen wohnende Göttlichkeit schon lange wartet. Weite dein Bewusstsein aus, hin zu ihrem Göttlichen Bewusstsein. Viele Menschen werden den Weg zu dir finden, über sehr unterschiedliche Wege. Ihr eigenes Göttliches Selbst wird sie zu dir führen. Beginne nun damit, deine Seelenaufgabe zu erfüllen und erfülle damit gleichzeitig dich selbst mit der größten Freude!"

JA – ich gehe diesen Weg. Ich spüre es mit allen Sinnen, tief in meinem Herzen, dass ich nun bei mir angekommen bin. Ein so großartiges Gefühl von Freude und Freiheit durchströmt mich, wie ich es mir niemals hätte vorstellen können!

JA – ich begleite andere Menschen mit großer Freude dabei, ebenfalls diesen Kontakt zu sich selbst zu entdecken, ebenfalls zu spüren und zu erkennen: sie sind AUCH GOTT!

JA – ich bringe diese frohe Botschaft zu allen Menschen, die sie hören wollen. Ich bringe sie zu allen Menschen, die an meine Tür klopfen und den Weg suchen – den Weg zu sich selbst.

So können wir gemeinsam eine neue Welt erschaffen. Eine Welt der Freiheit und Freude in sich selbst, der Liebe zu sich selbst – eine Welt, in der jeder wieder zu seiner eigenen Schöpferkraft zurückfindet und glücklich sein kann. Eine Welt der Neuen Energie – ein neues Paradigma.

Nun frage ich DICH – ja genau dich:

Nimmst DU DEINE Schöpferkraft an? Bist DU bereit, wieder die volle Verantwortung für dich selbst zu übernehmen, für deine eigene Realität? Oder ... lässt du weiterhin andere DEIN Leben bestimmen?

DU allein hast die Wahl und niemand kann dir diese Entscheidung abnehmen. Niemand kann sie für dich treffen!

Wenn du willst, dann kann ich dich ein Stück auf deinem Weg begleiten – doch bedenke immer: Du bist AUCH GOTT in einer einzigartigen Erfahrungsreise auf der Erde. Du hast es nur vergessen...

Vielleicht findest DU dich hier wieder.

TEIL IV: BOTSCHAFTEN VON GOTT ZU GOTT

Eine neue Aufgabe

Im September 2006 meldete sich mein Göttliches Selbst mit einer neuen Aufgabe bei mir. Ich sollte von nun an zusätzlich zu meinen Beratungen *Monatsbotschaften von Gott zu Gott* schreiben und allen Menschen zur Verfügung stellen. Ehe ich noch darüber nachdenken konnte, was damit gemeint war, ging es urplötzlich los.

Anscheinend geht es jetzt in dieser Zeit darum, in uns allen die Erinnerung an unsere wahre Herkunft zu wecken. Daran, dass wir alle Gott sind und keineswegs so klein und hilflos, wie wir bisher glaubten.

Diese Botschaften findest du regelmäßig auf meiner Internetseite gott-in-dir.de. Doch auch in dieses Buch möchte ich einige Themen mit hineinnehmen, damit sie ihren Weg finden in die Welt – und somit jetzt auch zu DIR.

Sie wurden durchgegeben als ein Geschenk von Gott zu Gott und du darfst sie gerne nach Bedarf – auch einzeln – weiterverschenken. Damit der Leser weiß, woher sie kommen, bitte ich dich jedoch, dieses Buch als Quelle mit anzugeben.

Und nun wünsche ich dir viel Freude beim Wiedererkennen und Bewusstwerden!

DU veränderst die Welt!

Ja, genau DICH meine ich!

Hast du schon einmal darüber nachgedacht, warum du, gerade du als Mensch hier auf der Erde bist?

Ich weiß, dass du es schon oft getan hast. Doch bist du dabei zu einem Ergebnis gekommen? Hier ist es:

Du – ja DU bist deshalb hier, weil du einen großen Unterschied machst. Für dich, für alle Menschen, die dir begegnen. Für alles, was du wahrnimmst, ja sogar für das kleinste Staubkorn. Hättest du das wirklich gedacht?

Bevor du dich entschieden hast, deinen Körper anzunehmen, deine wahrhaftige göttliche Essenz in eine starre Form zu pressen ...

hast du damit sehr großen Mut bewiesen. Viele Engelwesen jenseits des Schleiers haben diesen Mut nicht. Sie beobachten die Menschen und sehen, dass sie alles vergessen, was sie einst waren, bevor sie auf die Erde kamen und in ihre Rolle schlüpften. Dass sie vergessen, welch großartiges Wesen sie tatsächlich sind. Und das ist es, was ihnen Angst macht. Ja, es macht ihnen tatsächlich so große Angst, dass sie es allein deshalb nicht riskieren.

Du siehst also, auch Engel haben Angst. Denn Angst hat immer auch mit dem Unbekannten zu tun, mit Ungewissheit.

Du – und viele andere Menschen – gehören zu einer Gruppe von Engeln, die nicht nur mutig waren, sondern auch einen großen Forscherdrang haben. Sie wollten nicht mehr im Theater sitzen und zuschauen. Nein, sie wollten endlich mitmachen in diesem abenteuerlichen Spiel.

Und ... sie wollten unbedingt noch etwas, das ihnen sehr am Herzen lag: Sie spürten, dass sie damit die Welt verändern können! Dass sie allein mit ihrem Hiersein der Welt etwas geben können, was einmalig ist.

Zu dieser Gruppe von Engeln gehörst auch DU – denn du liest jetzt gerade diese Zeilen.

Wie kannst gerade du die Welt verändern, fragst du dich jetzt?

Schau dir die Welt um dich herum doch einmal an ... und jetzt sage ich dir etwas sehr Wichtiges: Alles beeinflusst Alles – immer und überall!

All das hast du miterschaffen, mitbeeinflusst, und all das beeinflusst in irgendeiner Form auch dich. Du nimmst viel mehr in dich auf als dir bewusst ist – viel mehr!

Wenn du etwas riechst ... schmeckst ... hörst ... siehst ... spürst ..., dann erschaffst du in dir so etwas wie eine Geschichte, die sich mit diesem Geruch ... diesem Geschmack ... diesem Klang ... diesen Worten ... dieser Berührung ... verbindet. Es entsteht auf diese Weise ein gespeichertes Gesamtbild in dir, das immer dann wieder aktiv wird, wenn dir auch nur ein Anteil davon begegnet. Das mag eine dieser Empfindungen sein, die du bewusst wahrgenommen hast ... oder aber auch etwas, das dir keinesfalls bewusst ist, das jedoch trotzdem in deiner Realität vorhanden ist, in deiner Lebens-Landschaft.

Dein Einfluss auf alles andere in deiner Welt ist ebenso groß – und ebenso subtil. Du sagst etwas zu einem anderen Menschen ... und baust damit einen Teil seiner Realitätslandschaft mit. Du berührst ihn ... und er erinnert sich wieder an sein wahres Zuhause. Du schaust ihn an ... und er spürt Gott in sich selbst. Du sagst etwas ... und sein Weg verändert sich.

Alles, was dir begegnet, verändert seine Energie – durch dich!

Du magst nun sagen, dass du weder berühmt bist noch einflussreich, dass du selber Probleme hast und ... dass du schon oft anderen weh getan hast.

Ja, das mag sein. Doch es ist nicht so, wie du vielleicht meinst. Menschen, die durch deine Worte verletzt wurden, haben dadurch wichtige Erfahrungen gemacht, die sie für dieses Leben auf der Erde genau so eingeplant hatten. Natürlich ist ihnen – genau wie dir – dieses nicht mehr bewusst. Und doch ist diese Erfahrung wertvoll gewesen und hat in ihnen vieles verändert.

Du hast viele Steine ins Rollen gebracht – besser gesagt viele Gefühle ... Erfahrungen ... Veränderungen in der Welt bewirkt. Wenn du wüsstest, wie viele Menschen ohne dich aus ihrem Körper gegangen wären ... ohne dich mutlos geblieben wären ... ohne dich verzweifelt wären ... ohne dich keine Freude in ihrem Leben gefunden hätten ...

... Du würdest ein Glück in dir spüren, das jenseits jeder Beschreibung liegt. So viel hast du bisher bewirkt ... verändert ... erschaffen. Es ist ein großartiges Geschenk, das du nicht nur anderen, der Welt, ja auch dir selber gemacht hast. Und vor allem ... Allem-Was-Ist – Gott! Denn niemand außer dir kann genau deine Erfahrungen einbringen, deine Gefühle, Dein Geschenk. Sie sind absolut einzigartig und äußerst wertvoll!

Nimm einen tiefen Atemzug[1] ... und lass deinen Atem dann fließen, ganz von alleine ... ohne ihn zu beeinflussen ... ein und aus ... und dann fühle dabei ganz einfach, wie viel du bewegt hast, wie wichtig du für Alles-Was-Ist bist ... hm ... sehr wichtig!!!

Sei dir dessen immer bewusst, wenn du einem anderen Menschen gegenüberstehst ... ihn ansiehst ... mit ihm sprichst ..., dass du ihn durch deinen Einfluss veränderst. Das gilt ebenso für alles andere in deiner Realität ... Tiere ... Pflanzen, ja auch Gegenstände. Sie spüren deine Energie und dein Bewusstsein und reagieren darauf.

Bedenke: Niemals bist du wirklich alleine. Es sind unzählige

---

[1] Auf die Einfachheit des Atmens wird ausführlich im Anhang dieses Buches eingegangen.

Engelwesen in deiner Nähe, die dich mit großem Interesse beobachten ... die sich unendlich freuen über jede deiner Energie-Bewegungen. Denn das ist es, was sie tatsächlich sind.

Werde dir wieder bewusst, was du in Wahrheit bist. Du bist keinesfalls ein kleiner Mensch, der nichts bewegen kann. Du hast es in dieser Form, dieser Funktion als Mensch nur vergessen. Deine wahre Größe ... deine wahre Abstammung ...

Du bist ein wichtiger Teil der Erfahrung von Allem-Was-Ist – Gott – ja, **denn auch du bist Gott!**

Du hast es nur vergessen – und ich erinnere dich wieder daran. Denn ICH BIN

Gott in DIR

Die Geschenke des Lebens

Geben ist seliger denn nehmen ... dies war vielleicht bis heute dein Wahlspruch. Doch weißt du, diese Worte stammen nicht von mir. Sie wurden von menschlichem Bewusstsein erschaffen und dienen nur dem Zweck, sich besser zu fühlen oder der Absicht, sich einen guten Platz im Himmel zu sichern.

Doch ist dir wirklich bewusst, was der Himmel in Wahrheit ist? Ich sage dir heute, der Himmel ist bereits zum Greifen nah, ständig präsent. Es ist kein Ort – es ist ein Gefühl. Es ist ... ja, was denkst du, was es wirklich ist?

Liebes menschliches Bewusstsein, deine Erfahrungen, deine vermeintliche Realität, dein Körper – das alles ist nur ein sehr kleiner Teil von dem, was du in Wahrheit bist, ein sehr kleiner Teil. Und es dient im Grunde nur einem Zweck ... die Freude von Geschenken wahrhaftig zu empfinden, zu erleben. Dafür bist du in dieses Spiel auf der Erde, in die Begrenztheit, gekommen.

Nun wirst du sagen, dass es viele Dinge auf der Welt gibt, die so ganz und gar nicht nach einem Geschenk aussehen. Das mag sein, aus deiner begrenzten Sicht heraus, aus der Sicht eines menschlichen Bewusstseins.

Doch es steckt mehr dahinter, viel mehr! Jeden Tag erlebst du unzählige Geschenke und merkst es nicht einmal. Ja, du verfluchst sie sogar manchmal, was ich dir keineswegs übel nehme. Das gehört zu deinem Spiel als Mensch auf der Erde dazu – denn mehr ist es nicht ... ein Spiel.

Ich frage dich: Hast du jemals einem Menschen ein Geschenk gemacht? Nun – wie fühlst du dich dann, wenn er es abweist?

Und was fühlst du hingegen, wenn er es mit Freuden annimmt?

Schließe deine Augen ... beobachte deinen Atem ... und nun fühle dich – nacheinander – vollkommen in diese beiden Situationen hinein. Empfinde sie mit allen Sinnen ... höre sie ... rieche sie ... schmecke sie ... sehe sie ... und spüre sie...

Schau dir jetzt ebenso einmal deine Gefühle an, wenn ein anderer Mensch DIR ein Geschenk macht, einfach weil er seine Liebe und Dankbarkeit dir gegenüber ausdrücken will. Er möchte seine Freude mit dir teilen...

Kannst du dieses Geschenk wirklich mit ebensolcher Freude annehmen? Ohne ein Gefühl des Ungleichgewichts oder des Unwertseins?

Menschen glauben anderen Menschen, doch am wenigsten sich selbst. Sie haben ganz einfach vergessen, dass sie niemand anderen fragen müssen, dass niemand wissen kann, was zu ihnen selbst gerade am besten passt.

Werdet wie die Kinder! Diese Worte führen dich zur Freude, zum Fühlen der Welt, wie sie tatsächlich ist, nicht wie sie zu sein scheint. Schau in die Augen eines Kindes. Du wirst es nicht belügen können, denn es sieht mit anderen Augen – es fühlt deine Seele, dein Wahres Sein[2]. An diesen Ursprung kannst du zu jeder Zeit wieder zurückkehren, wenn du bereit dazu bist. Ja, dort findest du ein Stück vom tatsächlichen Himmel. Du brauchst dafür nicht zu warten, bis du deinen Körper verlässt. JETZT ist alles da, du brauchst es nur zu (be)greifen...

Geschenke sind dazu da, um die Energie der Freude zu verbreiten. Jedes Geschenk, das du ablehnst oder mit der Energie des Unwertseins oder der Schuld belegst, wird in dieser Energie bei dir

---

[2] Anmerkung von Jona Mo: In diesem Moment des Schreibens stand ein Kind vor meiner Bank im Wald und schaute mir in die Augen.

bleiben. Du allein kannst wählen und dir selbst das Geschenk der Freude machen.

Du kannst dich nicht freuen, sagst du, weil du es verlernt hast? Oh nein, du hast es nur vergessen, weil du es dir vielleicht lange nicht mehr erlaubt hast. Warum nur tust du dir dies selber an? Es gibt keinen Grund dafür, und es ist ganz einfach, es zu ändern – hier und heute! Niemand kann dir jemals ein Geschenk vorenthalten, außer du dir selbst. Und niemand kann es dir erlauben, außer du dir selbst.

Nimm alle Geschenke des Lebens dankbar an. Sie sind unschätzbar wertvoll und verdienen die Energie der Freude – genauso wie du. Das ist der schönste Ausgleich, den du ihnen geben kannst, um sie energetisch in Balance zu bringen.

Ich möchte dir nun noch ein paar Beispiele geben, um die dich alle Wesen, die gerade keinen Körper haben, geradezu beneiden. Es sind sogar die Gründe, weshalb du überhaupt gewählt hast, auf der Erde zu sein.

Mach dir bewusst und spüre ...

- die Wärme der Sonne auf deiner Haut
- das Licht, das dich die Schönheit der Farben erkennen lässt
- den Wind, der dich streichelt und manchmal auch wachrüttelt
- das Wasser, das deinen Durst stillt und dir angenehme Frische bringt – ebenso Reinigung und damit Befreiung von alten Energien
- auch die Dunkelheit der Nacht, die deinem Körper die nötige Ruhe gibt, deine Seele ins Land der Träume entführt, damit du dein Wahres Zuhause nicht ganz vergisst
- die Blütenpracht im Frühjahr, die Früchte im Sommer, das Rascheln der Blätter und den Zauber der Herbstfarben
- das sanfte, unberührte Weiß des Schnees im Winter, das dir die Ruhe zum Neubeginn bringt
- das Lächeln eines Menschen, der dir begegnet und dich an seiner Energie teilhaben lässt
- und das Schönste Geschenk auf Erden: eine Berührung von Gott in Menschengestalt...
- Dies sind nur ein paar wenige von unzähligen Gründen, deine Bestimmung zu erfüllen und bewusst zu leben – zu er-leben!

Was würdest du nun sagen, wenn ich dir wieder bewusst machen würde, dass auch Schmerz und Trauer zu den Geschenken gehören, die du dir in diesem Spiel des Lebens auf der Erde machen wolltest? Ich weiß und spüre, dass du es nicht in jedem Fall annehmen kannst. Und doch ist es so. Ganz tief in dir weißt du es auch...

Ich sage dir auch, dass du die größte Hochachtung genießt für diese Erfahrungen, die dich in die tiefsten Tiefen deiner Seele bringen. Meist war es dir nur dadurch in diesem Leben als Mensch möglich, deine Seele zu öffnen und deinen Ursprung zu fühlen ... eine Erweiterung deines Bewusstseins zu erfahren ... und auch neue Wege zu gehen.

Dies kann für dich ab sofort anders sein – sofern du nun die Leichtigkeit für dein Leben wählst. Die Energie in diesem Spiel der dualen Realität hat sich inzwischen verändert, so dass Dinge möglich sind, die bisher nicht möglich schienen. Die Zeit des Leidens ist vorbei, für die, die es für sich selbst so wählen. Nun ist es Zeit, die Freude am Leben bewusst zu genießen. Es beginnt im Kleinen, bei jedem einzelnen Bewusstsein – ja, auch bei dir – und dehnt sich dann im Großen aus ... hin zu Allem-Was-Ist.

Geliebtes Menschenbewusstsein, an all dem lässt du mich teilhaben. Und dafür danke ich dir mit allem was ICH BIN

Gott in DIR

Deine Zeit ist JETZT

Geliebtes menschliches Bewusstsein – ja DU – halt einen Moment inne und höre auf das, was IN DIR ist ... Deinen Herzschlag ... Deinen Atem ... die leise Stimme IN DIR, die meine ist...

Dort in dir, im Raum der Stille, findet alles statt, was für dich wirklich wichtig ist. Es ist dein Zentrum, deine Essenz. Dort findest und spürst du mich und meine unendliche Liebe zu dir.

Ein Gefühl der Ruhe tritt ein, der Geborgenheit, sobald du auf deinen Atem hörst ... das Ein und Aus ... beobachtest.

Du bist beschäftigt, sagst du. Sehr beschäftigt. Du musst noch viel erledigen. Du wirst gebraucht, bist unersetzlich. Es gibt Menschen, die ohne dich nicht auskommen, die sonst hilflos und allein wären.

Ich frage dich: Was würde geschehen, wenn du ganz plötzlich – von einem Moment auf den anderen – nicht mehr da wärst? Wenn dein Plan wäre, jetzt – in diesem Augenblick – von dieser Welt zu gehen? Was wäre dann ... mit all diesen Menschen ... mit all deinen Plänen und Vorhaben?

DEINE Zeit ist ... JETZT!

Niemals wieder kommt ein gleicher Augenblick, eine gleiche Zeitqualität wie gerade JETZT. Es ist tatsächlich DEINE Zeit und sie ist unwiederbringlich!

Zeit ist nur eine Illusion der angeblichen Realität, in der du als Mensch in einem Körper lebst. Dies ist dir schon irgendwie bekannt, du hast es bereits gehört. Doch da du mitten in dieser Illusion lebst, empfindest du es anders. Du kannst aus dieser Position heraus nicht wahrnehmen, wie sie sich tatsächlich verhält. Sie ist ganz und gar nicht linear oder hintereinander, sondern sie IST einfach nur – mehr nicht. Alles zur gleichen Zeit.

Ich weiß, es ist für menschliches Bewusstsein unfassbar. Doch begreife dieses Leben, diese Existenz als Mensch, einfach als eine Erfahrungswelt mit ganz bestimmten Spielregeln. Dazu gehört auch ... die Zeit.

Mitten in diesem Spiel, das du übrigens in jeder Minute hervorragend spielst, kannst du außerhalb der Zeit sein, außerhalb gewisser Regeln. Du glaubst es nicht? Probiere es aus, es ist im Grunde ganz einfach, es braucht nur ein wenig Übung.

Nimm dir ein paar Augenblicke Zeit. JA, du hast sie! Und SEI einfach nur ... mit deinem Atem ... im JETZT. Nichts geschieht, alles ist IN DIR ... geht vom Zentrum deines Selbst aus. Dort steckt dein gesamtes Potenzial – und meistens ruht es, denn ... du bist viel zu beschäftigt, achtest mehr auf das, was in der Realität anderer vor sich geht, welche Pläne anderer du erfüllen musst.

Ich stelle dir heute eine Frage: Ist das, was du da tust, auch das, was DICH wirklich erfüllt? Was DEINE eigene Energie – DEIN Potenzial in dir – zum Klingen bringt? Was DICH in höchste Resonanz versetzt zu dem, was du in Wahrheit bist: Gott in einem Spiel auf Erden?!

Warum hast du dieses Spiel einst gewählt? Diese Frage kannst nur du selbst beantworten. Niemand sonst wird es dir sagen können. Es ist tief IN Dir verborgen. Und wenn du ganz still wirst, alles im außen einmal ruhen lässt ... dann wirst du es ganz plötzlich WISSEN.

Du hast die Erfahrung gewählt – in einer Begrenzung wolltest du dich selbst wieder finden – dich, Gott. Die Erfahrung des Schmerzes, deine Probleme, auch deine körperlichen – alles gehört dazu und ist etwas sehr Wertvolles. Es lässt dich an Grenzen stoßen, deinen Körper spüren, tiefste Gefühle empfinden – auch Wut und Hass gehören dazu. Es ist ein Geschenk, ein großes Geschenk an dich selbst – Gott!

Es gehört auch zum Spiel, dass du diese Gefühle, diese Erfahrungen wieder loswerden willst. Du magst sie nicht. Du wünschst dir oft, dieses Leben möge ein Ende haben. Du könntest wieder von vorne anfangen und alles anders machen – alles.

Nun, ich verrate dir etwas: Dafür brauchst du nicht aus deinem Körper zu gehen. Das alles ist möglich. Es ist sogar viel leichter, als du vielleicht im Moment gerade denkst. Du steckst einfach nur sehr tief drin in deinem Spiel und darum hast du es bisher nicht gesehen. Die Antwort ist jedoch schon lange da. Sie steht sogar direkt vor dir.

Es gibt einen einfachen Schlüssel, um die Dinge in deinem Leben zu verändern. Um deine Realität neu zu gestalten. Zuerst einmal braucht es dafür – deine Erlaubnis.

Erlaubst du dir wirklich, DEIN Potenzial hervorkommen zu lassen – und zu LEBEN? Erlaubst du dir wirklich, DEINE eigenen Wahlen[3] zu treffen?

Ganz ehrlich, war es nicht auch oft ein sehr einfaches Spiel, andere dafür verantwortlich zu machen, wenn deine Realität nicht so erscheint, wie du es gerne hättest? War es nicht auch gleichfalls ein schönes Spiel, Energien von anderen zu bekommen – und dieses Hin und Her und Auf und Ab zu erfahren? Auch wenn es keine Freiheit, sondern Abhängigkeit bedeutet, du hast dich darauf eingelassen – und es im Grunde auch genossen.

JA – es erfordert sehr viel Mut, in der Begrenzung eines Körpers zu leben. Du hast dafür alle Ehre verdient, die es gibt. Doch genauso viel Mut erfordert es, nun aus diesem Spiel des Gefangenseins auszusteigen ... in ein neues Spiel ... das Spiel der Freiheit zu gehen – in die Freiheit der Seele.

JA – du kannst nun neu wählen – und niemand wird dies für dich tun

[3] Das besondere Potenzial einer umfassenden Wahl und der Unterschied zu einem Wunsch wird im Anhang ausführlicher beschrieben. Diese Wahl ist ein wichtiger Schlüssel zur Veränderung der Realität.

– niemand KANN es für dich tun. Es hat nur einen Haken, und der ist dir tief in dir bereits sehr präsent: Du weißt nicht, was passiert, wenn du dich auf dieses neue Spiel einlässt. Was passiert, wenn du wirklich aus vollem Herzen neu beginnst, neu wählst.

JA – es könnte durchaus sein, dass gewisse ‚Aufräumarbeiten' dabei zu bewältigen sind. Das ist es, was dich zögern lässt. Das ist es, was dich noch abhält. Genau genommen bist DU SELBST es, der dich noch davon abhält, neu anzufangen und deine Freiheit für dich zu beanspruchen.

Vertraue DIR – und traue dich! Du hast nichts zu verlieren, jedoch Alles zurückzugewinnen! Sieh am einfachsten den Vergleich mit einem Garten, den du neu bepflanzt. Zuerst nimmst du die längst verwelkten Blumen heraus – und dann werden diese sogar der Dünger für ein wunderschönes neu angelegtes Blumenbeet. Diese neuen Blumen werden sogar noch weitaus schöner, weitaus bunter, weitaus leuchtender. Erst dann erkennst du den enormen Unterschied und siehst, wie farblos die alten Blumen tatsächlich schon aussahen. Und um wie viel leuchtender die neuen sind.

Genauso – wahrhaftig genauso ist es mit allem, wozu du dich neu entscheidest. Doch nun pflanze – endlich – DEIN eigenes Beet. Pflanze die Freude mit hinein ... den Genuss ... die Leichtigkeit. Dünge sie mit all den wertvollen Erkenntnissen, die du in deiner Erfahrungswelt bisher gesammelt hast.

Es ist JETZT Zeit ... Zeit dir zu erlauben, deine Energie vollständig wieder zu dir zurückzuholen. Sie zu leben. Sie zu genießen – in Freiheit. Deine Wahlen zu treffen. DEINEN Weg zu gehen. Zu erkennen, DU bist auch Gott. Ohne Einschränkungen! Nur du selbst kann bestimmen, wie du leben, was du erfahren willst. Das war schon immer so – doch nun weißt du es und kannst es endlich für dich umsetzen.

Erlaube es dir, Gott – in einem menschlichen Bewusstsein. JETZT stehen dir diese Möglichkeiten wieder offen. ALLE Möglichkeiten!

Wofür entscheidest du dich – nur FÜR DICH?

Ich stehe bereit, dich zu unterstützen, die Energie deiner Wahlen – für DICH – umzusetzen. Ganz gleich, wann DU, geliebter Schöpfer im Menschenkleid, bereit bist.

ICH BIN und war – immer und überall

Gott in DIR

Was ist Glück?

Geliebtes Menschenbewusstsein – ja DU! Was bedeutet Glück wirklich für dich – das, wonach du dich immer wieder so sehr sehnst – das, was dir angeblich so sehr fehlt?

Nun, dazu sage ich dir heute: Alles ist Glück. Ja, wirklich alles. Auch wenn es für dich nicht danach aussehen mag. Es kommt nur darauf an, wie du es betrachtest. In welcher Position du stehst. Welches Spiel, welche Rolle du gerade gewählt hast.

Du sagst vielleicht, es ist Glück, viel Geld zu haben – weil du deine Aufmerksamkeit gerade auf den Mangel gerichtet hast. Doch ... ist das wirklich so?

Oder du sagst, einen gesunden Körper zu haben, ist Glück. Ist es das wirklich? Warum empfindest du es so? Was ist, wenn du es dann hast? Ist es dann nicht vielmehr *normal*?

Geliebter menschlicher Teil von mir, du lebst in einer Erfahrung der Illusion. Der Illusion der Begrenzung. Tief in dir verankert liegt jedoch das Wissen, das Bewusstsein der Vollständigkeit.

In deiner Erfahrungswelt der Begrenztheit siehst du all das, was du gerade nicht erfährst, was du nicht lebst, als Glück an. Dir fehlt einfach nur die Vollständigkeit – zum Glück. Das was dich wieder spüren lässt, was du in Wahrheit bist – Gott mit unbegrenzten Fähigkeiten.

Nimm einmal einen Teil deiner Erlebniswelt, zum Beispiel deinen Mangel. Er ist dir sehr präsent, doch gerade deshalb wird er es noch mehr. Du gibst ihm mit deiner großen Beachtung Energie und das braucht er, um zu existieren.

Da gibt es jedoch etwas, dem du zu wenig Energie, zu wenig Aufmerksamkeit schenkst – der Ergänzung, der anderen Seite. Sie braucht, um ebenso stark hervorzukommen, die gleiche Beachtung. Das erweckt sie förmlich zum Leben.

Schau dir einmal an, wo du diese von dir vergessene Energie finden kannst. Ja, sie ist da. Manchmal nur sehr schwach, manchmal ist sie jedoch einfach nur unbeachtet von dir – und das für sehr lange Zeit...

Gehen wir doch einmal in dieses Beispiel von Mangel, an den du glaubst. Dies ist jedoch eine Illusion, die zur Erfahrung der Begrenzung gehört. In Wahrheit existiert die Fülle überall um dich herum. Sie ist bereits da, in vielfältiger Form. In Allem kannst du sie finden. Du brauchst nur ein wenig deinen Blickwinkel zu verändern und schon präsentiert sie sich dir in ihrer ganzen Pracht und Schönheit.

Nun, ich frage dich heute:

- Gibt es einen Menschen, dem du wichtig bist?
- Gibt es ein Zuhause, das du hast – ein Bett, in dem du schlafen kannst?
- Kannst du all die wunderbaren Farben um dich herum sehen?
- Kannst du auswählen, was du essen willst?
- Kannst du die Wärme der Sonne genießen – die klare Luft tief in dich hineinatmen?
- Kannst du dich bewegen, morgens aufstehen und den Tag planen?
- Kannst du die Vögel zwitschern hören, dem Zauber einer Melodie lauschen?
- Kannst du deinem Körper und deiner Stimme Ausdruck verleihen – ganz gleich, ob es ein Schrei ist oder eine wunderbare Melodie, die du singst – oder ob du im Tanz einem Rhythmus folgst?
- Kannst du einem anderen Menschen – einem verkörperten Gott – tief in die Augen sehen und dabei Glück empfinden?
- Kannst du die Berührung mit einem anderen Menschen mit allen Sinnen empfinden?

Wenn dir nur eines davon fehlt, würdest du es dann nicht als Glück bezeichnen, wenn du es nur hättest – oder wieder zurück bekämst?

Viele Menschen leben in dieser Erfahrung und für sie bedeuten all diese Dinge das größte Glück, das sie auf der Erde haben können. Sie würden auf der Stelle mit dir tauschen. Ganz einfach weil ihnen bewusst ist, was sie gerade nicht erleben. Sie erfahren die andere Seite – den Schmerz, die tiefe Nacht der Seele – sie wollten dies so erfahren, damit ihnen bewusst wird, was Vollkommenheit, was Glück tatsächlich bedeutet.

Was ist nun das, was du Glück nennst, wirklich für dich? Hast du tatsächlich schon einmal darüber nachgedacht? Ist dir wirklich bewusst, dass jeder einzelne Moment alles verändern kann?

Geliebter Mensch, Teil meines All-Bewusstseins – deine Zeit dieser wunderbaren menschlichen Erfahrung ist weniger als ein Augenblick, gemessen an der Ewigkeit. Du hast darum gebeten, dies erleben zu können, auch wenn du dies heute nicht mehr unbedingt weißt. Darum ist das größte Geschenk, das du dir selbst machen kannst, diese Zeit in einem Körper zu genießen ... mit allen Sinnen, die dir zur Verfügung stehen. Es ist sogar dein Recht – und weißt du was ... alle nicht verkörperten Wesen würden gerade jetzt gerne mit DIR tauschen. Ja, mit dir – der dies hier gerade liest. Denn sie hatten nicht so viel Mut wie du, sich in eine Erfahrungsebene hineinzubegeben, in der sie um ihre Herkunft vergessen. Sie hatten große Angst, nicht wieder zurückzufinden, sich nicht daran erinnern zu können, dass sie – auch Gott sind.

Nimm einen tiefen Atemzug und fühle ... IN DIR ... dein wahres Zuhause ... deine Vollkommenheit... Dieses Glück ist unvergänglich!

Du warst niemals getrennt, auch wenn dies in deiner Erfahrungswelt so aussehen mag. Das, was dich vollkommen macht und dich wirklich glücklich machen kann, ist tief IN DIR verborgen.

Dieses Glück kannst du zu jeder Zeit erleben, wenn du einfach deinen Blick darauf richtest, wenn du nicht ständig nur auf eine Seite siehst, sondern ALLES wahrnimmst. ALLES wahrnehmen – das ist wirklich wahres Glück.

Dieses Glück IN DIR ist bereit zur Neugeburt, wenn du ihm einfach nur Beachtung schenkst. Zaghaft, wie ein schüchternes Kind, das lange Zeit eingesperrt gelebt hat, wird es hervorkommen und erst einmal abwarten, was geschieht. Du hast jederzeit Zugang dazu, wenn du es dir endlich in deinem Leben erlaubst. Es ist tatsächlich so einfach – und nur du allein kannst es für dich entscheiden.

Niemand im außen wird dir jemals dieses Glück geben können, wenn du es davon abhängig machst. Nur du selbst kannst es finden, zuerst IN DIR und dann ebenso auch in allem, was du deine Realität nennst.

Nimm einen tiefen Atemzug ... und du wirst dieses Glück spüren...

Bedenke – Gott – dein Bewusstsein ist unbegrenzt und wird es immer sein. Zusammen sind wir EINS – meine Energie ist IN Dir genauso wie deine IN MIR ist. Ja – ICH BIN

Gott in DIR

Vater und Mutter IN DIR

Geliebtes menschliches Bewusstsein – ja ich meine DICH!

Du bist Alles, was ich auch bin. Das hörst du nicht zum ersten Mal. Doch weißt du auch, was tatsächlich damit gemeint ist?

Alles – das heißt, du bist

... dunkel und hell,

... groß und klein,

... arm und reich,

... böse und lieb,

... männlich und weiblich,

all das, was du unterscheidest... Alles, was du verschiedenen Energien zuordnest ... all das, das bist DU. Und weißt du was – genau das macht dich erst vollkommen. Nur in der Gesamtheit bist du ... Gott. Und das bedeutet gleichzeitig Alles-Was-Ist.

Du – Gott – bist gerade dabei, in deiner menschlichen Form zu erwachen – aus einem tiefen, sehr tiefen Äonen dauernden Schlaf. Dieses Erwachen bringt es mit sich, dass du nun erkennst, dass du alles, was du bist, nach außen gestellt hast – um es besser betrachten und verstehen zu können. Du hast dich dadurch selbst in den Glauben versetzt, du bist nicht vollkommen.

Doch das war nur ein Traum, aus dem es Zeit ist zu erwachen.

Alles, was du nach außen gestellt hast, kann nun wieder zu dir zurückkehren. Doch nicht so, wie du es dir in deinem begrenzten menschlichen Bewusstsein vorstellen magst. Es ist anders – ganz anders.

Du meinst, Eltern zu haben, doch in Wahrheit sind es nur deine Begleiter in diesem Spiel auf Erden. Sie haben eine Rolle übernommen, die du vorher mit ihnen vereinbart hast.

Oh ja, es gehörte schon eine große Liebe dazu, diese Rolle zu übernehmen. Denn als sie zustimmten, mussten sie gleichzeitig zustimmen, dir weh zu tun. Und das taten sie dann auch, obwohl sie wussten, dass du sie dafür hassen würdest. Immerhin war ihnen zur Zeit der Vereinbarung mit dir bewusst, dass Hass auch nur eine Form von Liebe ist, auch wenn sie das als Mensch wieder vergaßen.

Mein geliebtes menschliches Bewusstsein, Vater und Mutter sind in Wahrheit Teile von dir. Sie sind IN DIR – und sie waren es zu jeder Zeit.

Kennst du die Worte von Jeshua[4], den du hier auf der Erde als Jesus kennst: „Der Vater und ich sind eins“? Was denkst du, wie sie wohl gemeint waren? Denkst du, dass Jeshua selbst Gott war? Oder dass er etwas in sich hatte, was nicht Teil von ihm selbst war?

Ja und nein. Er konnte tatsächlich nur das sagen, was sein Bewusstsein empfand. Er war sich vollkommen bewusst darüber, dass Gott und er identisch sind – dass er Gott ist.

Die wirklich frohe Botschaft daran ist: Genau das kannst auch du sagen – wenn du es dir selbst einfach nur ganz bewusst erlaubst.

Jeshua ist dem menschlichen Bewusstsein vorangegangen und damit auch dir. Er hat dir den Weg geebnet, damit du jetzt in dieser heiligen Zeit erkennst – erkennen kannst –, was du in Wahrheit bist.

Der Vater in dir – das ist deine wahre Kraft und Macht ... deine aktive Energie ... dein Mut, Neues zu beginnen ... die Energie zur Veränderung...

Vor allem ist es deine eigene innere Leitung, deine Führung und dein Schutz.

Diese Macht, diese Führung hast du nach außen gestellt. Als kleines Wesen, das in einem Körper die materielle Welt betritt, hast du diese Rolle nach außen stellen müssen. Es war sogar für dein Überleben sehr wichtig, dies zu tun.

Doch nun ist es endlich Zeit, diese Rolle wieder selbst zu übernehmen – selbst in diese Verantwortung zu gehen.

Bist du bereit dazu?

Bist du bereit zu deiner eigenen Schöpfung? Ich sage dir noch einmal: Es ist Zeit dafür!

Auch Deiner Mutter hast du eine wunderbare Rolle gegeben – die wichtigste in deinen ersten Jahren auf der Erde. Sie hat dich genährt, dich mit allem versorgt. Sie hat dir alles gegeben ... ganz gleich, ob sie deine leibliche Mutter war oder nicht.

Doch nun ist es an der Zeit, auch diese energetische Versorgung wieder selbst zu übernehmen. Auch wenn du es allzu sehr gewohnt bist, dir diese Nahrung von außen zuzuführen. Es ist einfach nur eine Gewohnheit – mehr nicht.

Beide Energien – Vater und Mutter IN DIR – sehnen sich danach,

---

[4] Jesus Christus ist der Name der Energie von Jeshua in seinem Leben als Mensch auf der Erde. Jeshua ist umfassender und von den irdischen Bereichen losgelöst.

zu dir zurückzukehren, Hochzeit IN DIR zu feiern. Doch dafür brauchen sie etwas sehr Wichtiges... Es ist deine Erlaubnis!

Kannst du dir erlauben, wieder Vater und Mutter für dich – IN DIR – zu sein? Es ist sehr, sehr lange her und darum wird es sich auch ziemlich neu für dich anfühlen. Es wird sogar neu sein, denn diese Hochzeit IN DIR erzeugt tatsächlich ... NEUE Energie!

Wenn du dir diese Rückkehr einfach nur erlauben kannst, werde ich als dein Göttliches Selbst die energetischen Voraussetzungen dafür schaffen können. Es wird eine gewisse Zeit brauchen, um deinem Bewusstsein und deinem Körper diese Rückkehr zu erleichtern.

Es ist JETZT an der Zeit ... wenn du bereit dafür bist.

Ich liebe dich unendlich, denn ICH BIN

Gott in DIR

Ein Dankgebet von Gott zu Gott – an DICH

Diese Botschaft „kam" völlig überraschend für mich mitten in der Nacht. Schon in den Stunden zuvor am Abend spürte ich sehr deutlich diese unendlich große Liebe und Dankbarkeit. Auch wenn ich dieses Gefühl in Worten nicht vollständig vermitteln kann, würde ich es am ehesten als sehr umfassend bezeichnen. Eine Dankbarkeit von Allem-Was-Ist ... an Alles-Was-Ist. Vor allem an uns alle, die wir hier in einem Körper stecken und diese Welt für „real" halten – und dabei vergessen haben, welch großartige Wesen wir tatsächlich sind.

Geliebtes Menschenbewusstsein, du betest ... zu Gott im Himmel, zu einem höheren Wesen. Doch ist dir wirklich bewusst, was du da tust? Welches Wesen du damit tatsächlich meinst?

Es gibt viele Gründe, die dich dazu veranlassen. Meistens rufst du Gott „da oben" um Hilfe, wenn du in deiner Begrenztheit nicht mehr weiter weißt. Wenn du keine Lösung weißt für deine eigene Schöpfung. Du erinnerst dich in diesen Momenten der Verzweiflung daran, dass die Lösung in anderen Bereichen liegt als in denen, die du wahrnehmen kannst. Dann bittest du Gott um Hilfe.

Es gibt durchaus auch Zeiten, in denen du ein Dankgebet sprichst. Es gab Momente, in denen die ersehnte Lösung in irgendeiner Form auftauchte, nach vielen Gebeten. Dies erfüllte dich mit solcher Freude, dass du deinem vermeintlichen Retter für seine Hilfe danken wolltest. Dir wurden gerade dadurch die Geschenke des Lebens sehr bewusst.

Doch weißt du eigentlich, wo dieser über alles erhabene Herrscher im Himmel zu finden ist? Weißt du, wen du tatsächlich mit deinen Gebeten und Hilfegesuchen angesprochen hast? Wem du dich zum Dank verpflichtet fühlen solltest?

Nun, es kann sein, dass ich dir jetzt eine Illusion nehme. Denn ich bin nicht das, was du meinst, das ich bin. Es gibt keinen Mann „dort oben", hoch über den Wolken, vielleicht sogar im Universum, der über die Menschen richtet. Der dein Schicksal steuert oder nach seinem Ermessen Belohnungen verteilt. Jemand, der deine Gebete erhört – oder auch nicht. Der zwischen Gut und Böse unterscheidet und die Welt für ihre Taten straft.

Du hast es dir sehr einfach gemacht, dies zu glauben... Denn das würde bedeuten, dass du zu keinerlei eigener Handlung fähig wärst. Dass du keine Entscheidungen treffen könntest. Dass du ... kein Schöpfer wärst.

Es ist an der Zeit, dass du aus deinem Schlaf erwachst. Und es ist ebenfalls an der Zeit, dass du VON DIR SELBST – von Gott, der DU bist – ein Dankgebet bekommst. Es ist schon längst Zeit dafür...

Darum spreche ich dir, Gott in einem menschlichen Bewusstsein, heute meinen größten Dank aus – dafür,

- dass du den Mut hattest, in diese Tiefe hinabzusteigen – in die Dichte und Schwere der Materie.
- dass du an einem großartigen Experiment teilgenommen hast, von dem du vorher nicht wusstest, wie es ausgehen wird.
- dass du dich auf ein Spiel eingelassen hast, in dem du mehrere Rollen verkörperst, nur um Erfahrungen darin zu machen.
- dass du vergessen hast, was du in Wahrheit bist – Gott!
- dass du dich sogar so sehr vergessen hast, um dich selbst in der Begrenzung zu suchen und wiederzufinden.
- dass du gerade etwas völlig Neues erschaffst – ein neues Paradigma, ein neues Spielfeld, ein neues Paradies.
- dass du all deine Erfahrungen, all deine Erkenntnisse, all deine tiefen Gefühle einbringst – als Geschenk für Alles-Was-Ist...

Als menschliches Bewusstsein wirst du niemals vollständig ermessen können, wie tief dieser Dank zu dir kommt. Du wirst diese Worte vielleicht sogar lesen und sagen, dass DU niemals gemeint sein kannst.

Doch ich sage DIR – ja genau DIR –, dass ich niemand anderen meine als DICH! DU erlebst gerade die Welt, deine Schöpfung in einem menschlichen Bewusstsein. DU hast dich darauf eingelassen, dich in einem Spiel – in einer Illusion – gefangen zu fühlen. DU hast erfahren wollen, wie Schöpfung auf tiefster Ebene geschieht. DU hast dir dies selber zum Geschenk gemacht – DU – Gott, der du in Wahrheit bist.

Nimm einen tiefen Atemzug ... und spüre die Energie, die mit diesen Worten zu DIR kommt – die in dein gesamtes Sein einfließt. Dir wird gerade die größte Achtung und Ehre zuteil, zu der ich fähig bin.

Du bist unendlich, du bist grenzenlos, du bist voller Schöpferkraft – und ich bin

Gott in DIR

Die Geburt deiner Göttlichkeit – IN DIR

ICH BIN die Göttlichkeit IN DIR!

Es ist Zeit, ein altes Paradigma zu erlösen – endlich, nach über 2000 Jahren.

Du fragst dich, warum du es göttlich findest, arm zu sein? Natürlich, dein Verstand will das schon längst nicht mehr glauben und versucht es vergeblich zu ändern. Doch dein Herz, deine Seele hat es immer noch nicht begriffen. Weißt du auch warum?

Deine Seele hat tief in sich verankert, dass Jesus – als Sohn Gottes – in einem Stall geboren wurde. Dir wurde erzählt, dass er arme Eltern hatte und einfache Lebensverhältnisse. Und genau dieser uralte Glaube ist es, der dich heute noch daran hindert, reich zu sein. Du erlaubst dir tief im Innern ganz einfach nicht, mehr zu haben als nur eine alte Hütte.

Du glaubst, du hättest es nicht verdient, mehr zu haben als ... gerade mal eben genug. Du glaubst, du müsstest leiden, weil du Jesus immer noch am Kreuz hängen siehst. Hast du nicht bemerkt, dass er längst vom Kreuz gestiegen ... und auferstanden ist? Warum lebst du weiterhin in der Vergangenheit, anstatt all die Geschenke zu sehen, die direkt vor deinen Füßen liegen? Warum siehst du den Tod ... anstatt die Freude am Leben?

Was würdest du sagen, wenn Gott – dein wahres Zuhause – nun IN DIR zur Welt kommt? Nimm einen tiefen Atemzug ... und FÜHLE diese Verbindung ... die du einfach nur vergessen hast.

Ich bitte dich jetzt und hier: Erlöse dieses uralte Paradigma und bringe es nun in die Neue Energie. Die Geburt deiner Göttlichkeit geschieht in diesem Moment gerade in dir – und sie geschieht in vollkommenem Wohlstand.

Bitte – nimm folgende Worte mit deinem Herzen auf:

Ich wünsche mir ab jetzt von dir, dass du MEINE Geburt feierst, die Geburt der Göttlichkeit IN DIR! Und ich wünsche mir, dass ich im schönsten, prunkvollsten, edelsten und wohlhabendsten Schloss zur Welt komme, das du dir überhaupt vorstellen kannst.

Dieses Schloss, geliebter Mensch, der du dies hier liest – bist DU! Dein Körper, dein gesamtes Sein ist bereits dieses Schloss. Darum sei gut zu DIR. Bringe ein Höchstmaß an Liebe und Achtung für dich auf. Für ALLES an dir! Schau nicht, was andere haben – DU bist bereits perfekt, so wie du gerade bist. Ein einzigartiger Ausdruck von dir – Gott.

Und nun beginne deine Vollkommenheit zu feiern, gemeinsam mit mir, deiner in dir geborenen Göttlichkeit. Beginne endlich, immer und überall deinen Reichtum zu beanspruchen, der dir zusteht!

Liebe ... Freude ... Genuss – das heißt: Liebe das Leben, freu dich des Lebens, genieße das Leben! Dafür bist du in dieser Zeit hier auf die Erde gekommen, um dich und mich – Gott, der wir gemeinsam sind – reicher zu machen ... reicher durch die Erfahrung deiner Liebe, reicher durch deine Freude und reicher durch deinen Genuss am Leben.

Und so ist es!

TEIL V: ALLES IST ANDERS! WIE FUNKTIONIERT DIE NEUE ENERGIE?

Fragen und Antworten von Gott zu Gott

Du fragst dich, was die Neue Energie[5] überhaupt bedeutet? Vielleicht funktionieren bei dir gerade die alten Methoden oder Wege nicht mehr? Dann kann es sein, dass du in den folgenden Fragen und Antworten einfache Erklärungen dafür findest.

Es sind Fragen, die ich mir in den letzten Jahren auf meinem Weg in die Neue Energie oft gestellt habe, weil ich mit meinen altbewährten Methoden nicht mehr weiterkam. Die Antworten, die ich bekam, haben mir vieles erklärt. Doch sie umzusetzen, bedeutete für mich oft genug einen Schritt ins Unbekannte zu wagen.

Ob ich es bereut habe? Heute kann ich ganz klar sagen: Nein! Ich habe gelernt, Erwartungen fallen zu lassen – und erlebe dafür immer wieder die tollsten Überraschungen. So seltsam es sich anhört, doch die größte Hürde war für mich die neue Leichtigkeit. Ich war es einfach zu sehr gewohnt, mich um alles zu bemühen. Und nun sollte alles von alleine zu mir finden – einfach nur durch eine klare Wahl, eine Entscheidung, durch Erlaubnis?

Mittlerweile habe ich es begriffen und selbst erfahren – es funktioniert tatsächlich! Mein Leben ist um so vieles leichter geworden. Viele Glaubenssysteme, die mein Leben in Freude und Freiheit früher behindert haben, sind ganz von selbst verschwunden – ohne irgendwelche therapeutischen Maßnahmen, ohne Heilmethoden und auch ohne groß darüber reden zu müssen. Ich habe mir einfach nur erlaubt, in meine Eigenverantwortung zu treten und das zu sein, was ich bin: beide Seiten in mir zu vereinen und sie auch auszudrücken.

Ich gestalte mein Leben immer mehr selbst und lebe nicht mehr das Leben derer, die angeblich wissen, was gut für mich ist. Mein gerade entstandenes neues Seminar SEI DU SELBST bringt da sicherlich bei den Teilnehmern so einige Steine ins Rollen...

---

[5] Eine wissenschaftliche Erklärung für die Neue Energie gibt es von dem amerikanischen, promovierten Naturwissenschaftler und Heiler Dr. M. E. Brandts: www.divine-healing-prayers.com

Wo sind mein Schutzengel und meine Geistführer?

„Ich fühle mich seit einiger Zeit so alleine. Früher habe ich immer meinen Schutzengel gespürt, meine Geistführer. Was ist da passiert?"

Das will ich dir gerne erklären – ja DIR. Du fühlst dich, als ob ein Teil von dir fehlen würde. Du meinst sogar, Gott hätte dich verlassen. Doch dem ist ganz und gar nicht so – im Gegenteil.

Deine Schutzengel und Geistführer wurden vor sehr langer Zeit von dir eingesetzt zu einem ganz bestimmten Zweck. Sie sollten sicherstellen, dass du die Verbindung zu dem, was du in Wahrheit bist, zu deinem Ursprung, nicht ganz vergisst. Sie dienten dir sozusagen als eine Art energetische Brücke zu deinem wahren Zuhause. Sie hielten in dieser Welt des Vergessens die Verbindung zu deinem Göttlichen Anteil.

Jedes Mal, wenn du deinen Körper verlassen hattest, haben sie dich empfangen und im nächsten Spiel auf Erden – im nächsten verkörperten Leben – erneut begleitet. Dies geschah immer und immer wieder – bis jetzt...

Durch eine Veränderung des Bewusstseins vieler Menschen haben sich nun die Bedingungen auf der Erde verändert. Dies betrifft nicht nur die Erde, sondern gleichzeitig auch Alles-Was-Ist. Das erste Mal, seit Alles-Was-Ist – Gott – sich auf die Reise gemacht hat, um sich selbst kennen zu lernen und zu erfahren, ist etwas geschehen, das alles verändert: Es ist möglich geworden, dass dein wahres Zuhause zu dir zurückkehrt.

Das Göttliche kann sich nun mit dem Menschlichen vereinen – in der Begrenzung eines Körpers. Dies gab es niemals zuvor in diesem Umfang, denn kein Körper hätte es ausgehalten – bis jetzt. Selbst Jesus – Jeshua – und andere, die du Meister oder Erleuchtete nennst, waren in ihrem Körper niemals mit ihrem vollen göttlichen Bewusstsein verbunden. Es war immer nur ein Teil.

Du fragst, warum dies so ist? Warum all die Anstrengung, das Unglück, die Schwere und Trauer dann sein musste?

Nun – dann frage ich dich: Wie hätte Gott – Alles-Was-Ist – erfahren können, wie es ist, alles zu vergessen? Wie hätte ES sich in der Begrenzung wirklich erfahren können?

Es wäre genauso langweilig und unsinnig wie ein Spiel, von dem du die Lösung vorher schon kennst. Würde dir das tatsächlich noch Spaß machen?

Es ist ganz einfach und es geschah, weil deine Seele es so gewählt hat. Dein Schutzengel und deine Geistführer haben ihren alten Platz in deinem unmittelbaren Energiefeld verlassen. Sie sind einen Schritt beiseite getreten, damit du nun in deine volle Kraft treten kannst. Damit du alles sein kannst, was du bist. Sie geben nun diesen Platz frei für ... deinen eigenen Göttlichen Anteil.

Es wird nicht von heute auf morgen geschehen können, dass diese Vereinigung in dir geschieht. Dein Körper, dein gesamtes System braucht einige Zeit, um sich daran zu gewöhnen. Doch es gibt eine Möglichkeit, ihn dabei zu unterstützen. Eine sehr hilfreiche und einfache Sache ... das tiefe Atmen!

Nimm einen tiefen Atemzug ... und bring ihn in jede Zelle deines Seins. Atme dabei das JA zum Leben in dich hinein. Immer und immer wieder. Das wird dich sehr schnell wieder in Balance bringen.

Bist du nun ohne Schutz? Bist du allein und hilflos?

Oh nein, das bist du ganz und gar nicht. Denn du nimmst nun wieder deine gesamte Energie in Besitz – als Gott, der du bist. Dein Schutzengel, deine Geistführer sind immer noch bei dir. Doch sie konnten dir noch niemals wirklich eine Entscheidung abnehmen. Sie konnten immer nur eins: auf dein eigenes Bewusstsein und auf deine Entscheidungen ... reagieren. Sie holten aus der Verbindung zu deinem göttlichen Bewusstsein die Informationen oder die Lösungen und brachten sie zu dir – hinein in dein menschliches Bewusstsein. Und dann war es an dir, diese Informationen zu empfangen, sie zu hören und sie umzusetzen. Wirklich etwas für dich übernommen ... das haben sie nie. Denn dann hätten sie in deinen eigenen göttlichen Plan eingegriffen und das ist niemals einem anderen Wesen möglich. Keinem Engelwesen und auch keinem menschlichen Wesen. Denn es hieße gleichzeitig auch, dich als Schöpfer, als Gott in Erfahrung nicht anzuerkennen.

Es kann sein, dass du dich oft einsam und eine gewisse Leere in dir fühlst. Das ist völlig in Ordnung und geht vorüber. Sieh es einfach nur als Zeichen, dass sich etwas in dir verändert ... dass du wieder alles wirst, was du bist.

Du kannst diesen Prozess beschleunigen und gleichzeitig auch erleichtern, indem du deinen göttlichen Anteil in dich hinein nimmst ... indem du ihn in dich hineinatmest. Es ist tatsächlich so einfach und du wirst es spüren.

In dieser Verbindung mit deiner Göttlichkeit brauchst du keinen Schutz mehr von außen. Du brauchst keine Formeln sprechen, keine Mauern aufbauen – auch keine aus Licht. Niemand wird in dein Energiefeld treten können, wenn du es nicht erlaubst. Nicht einmal einem Engel wird dies möglich sein.

Vertraue dir und deinem eigenen sicheren Raum und du wirst ihn zu jeder Zeit besitzen. Atme ... und dehne diesen Raum grenzenlos aus.

Andere Engelwesen werden dir künftig zur Seite stehen. Sie sind nicht zu deinem Schutz da, auch nicht zur Übermittlung von Informationen. Diese Fähigkeiten hast du jetzt IN dir. Sie haben vielmehr die Aufgabe, deine Schöpferenergien sozusagen zu transportieren und in deine Welt der Materie zu bringen.

Bedenke jedoch eins: Es sind Wesen der Neuen Energie und sie reagieren auf neue Gesetzmäßigkeiten. Sie werden dir immer das Beste bringen – was nicht unbedingt das sein muss, was deiner momentanen menschlichen Vorstellung entspricht. Es ist das Beste aus deiner göttlichen Sichtweise.

Sie bringen dir das Beste, wenn du sie frei lässt. Wenn du ihnen kein bestimmtes Endergebnis aufzwingen willst. Wenn du sie nicht steuern willst. Denn sie lassen sich nicht kontrollieren. Es sind DEINE Energien, die von dir selbst erschaffen wurden. Darum wissen sie auch von ganz alleine, was das Beste für dich ist und tragen diese Information mit sich. Sie brauchen nur eines von dir: Freiheit und Vertrauen.

Einzug der vierten Energie

„Es fühlt sich alles in mir sehr seltsam an, fast wie ein innerer Kampf. Manchmal könnte ich nur noch heulen und dann bin ich wieder enorm gut drauf. Meistens weiß ich nicht einmal den Grund dafür. Kannst du ihn mir sagen?"

Es findet gerade eine enorme Veränderung in dir statt. Ich möchte es die *Verwandlung zum göttlichen Menschen* nennen.

Bisher hast du aus drei verschiedenen Haupt-Energien bestanden, die deine Erfahrungen erst möglich gemacht haben. Ich meine hier nicht Körper, Seele und Geist. Ich meine etwas völlig anderes.

Es gibt Energien, die dein bisheriges Sein aufrecht erhalten haben. Stell sie dir zum besseren Verständnis einfach als Energiekugeln vor. Es gibt in dir eine schwarze Kugel und eine weiße – und dann noch eine dritte. Es ist die einzige Kugel, die ihre Farbe verändern kann, doch meistens ist sie grau. Diese dritte Kugel hatte bisher die Aufgabe, die Balance in dir zu halten oder wieder herzustellen. Sie war auch dafür da, die anderen beiden Energien zu verbinden. Es gab also niemals wirklich eine vollkommene Trennung, wenn du verstehst, was ich meine.

Wenn du nun gerade gut gestimmt warst, wie du sagst, dann hatte einfach nur diese dritte Kugel die weiße Farbe angenommen. Sie sorgte in dem Moment dafür, dass es zwei Anteile weiß und nur einen Anteil schwarz gab.

In den Zeiten, in denen es dir schlecht ging, manchmal sogar sehr schlecht, nahm die dritte Kugel die Energie der schwarzen an. So wirkten dann zwei Anteile schwarz und nur ein weißer in dir. Und so ging dieses Spiel immer hin und her, wie ein Pingpong-Spiel, damit sich Gott, der du bist, in vielen verschiedenen Varianten erfahren konnte.

Was nun passiert, ist folgendes: Eine vierte Energie ist hinzugekommen. Sie kommt nicht etwa von irgendwo da draußen in dich hinein. Oh nein, das wäre in der Tat nicht möglich. Sie kommt vielmehr aus deinem göttlichen Ursprung zu dir zurück. Und sie bringt dir auch die Erinnerung an deine wahren Fähigkeiten mit.

Bleiben wir bei dem Beispiel mit den Kugeln. Diese vierte Kugel, diese vierte Energie in dir hat keine bestimmte Farbe und wird sich auch niemals verändern. Sie ist und bleibt einfach nur ... kristallklar! Und ... sie ist größer als alle anderen. Es ist der Christussame IN dir!

Dies ist eine Neue Energie, die sehr viel in dir verändern wird. Sie trägt ein neues Bewusstsein in sich, das Bewusstsein deines Ursprungs, der Vollkommenheit – Gott. Du kannst dir nun sicherlich vorstellen, dass diese drei Energien in dir diese vierte Energie erst einmal wie einen Eindringling ansehen und versuchen werden, ihn zu bekämpfen, was sich manchmal etwas ungemütlich für dich anfühlen kann.

Hier erinnere ich dich wieder einmal an dein wichtigstes Hilfsmittel, das du immer nutzen kannst: deinen Atem. Ein tiefer Atemzug wird diese Energien ganz schnell zur Ruhe bringen und ausbalancieren. Er ist gleichzeitig so etwas wie eine Einladung für die vierte Energie.

Die anderen drei Energien werden sehr schnell merken, dass die vierte Energie sie weder angreifen noch verändern will. Sie braucht keinen Kampf – sie IST einfach nur.

Kannst du nun verstehen, was gerade IN dir passiert? Warum du dich so seltsam, so zerrissen fühlst?

Diese vierte Energie erzeugt eine neue Balance. Und sie bringt noch etwas anderes mit: Neue Energie. Du wirst wieder zu einem vollkommenen Wesen, jedoch anders als jemals zuvor. Gott erfährt sich durch DICH in einer neuen Erfahrungsebene, in einem neuen Paradigma. Du erzeugst wahrlich vollkommen Neue Energie – IN DIR.

Das Spiel mit der Vier – das vollkommene Spiel – das Spiel der Leichtigkeit und Freude. Hast du Lust dabei mitzuspielen?

Dein neues Haus

„Ich fühle mich wie eine Baustelle. Mein Körper, meine Seele, mein Verstand, einfach alles funktioniert nicht mehr so wie zuvor. Ich kann mich anstrengen wie ich will, aber nichts verändert sich. Was ist da los?“

Das kann ich dir sagen. Weil es tatsächlich so ist, dass alles sich gerade verändert. Ich will es dir an einem Beispiel erklären.

Nehmen wir einmal an, du bist ein Haus. Dieses Haus wurde aus festen Steinen erbaut nach einem ganz bestimmten Plan. Viele Menschen haben dabei mitgeholfen, es mit viel Arbeit und Mühe zu errichten.

Doch dieses Haus wurde nach einem alten Bauplan errichtet, mit altem Baumaterial. Alles darin ist begrenzt und unbeweglich. Es ist sehr, sehr fest, dieses Material.

Dieses alte Haus ließe sich verändern, doch das wäre gleichzeitig auch mit sehr viel Mühe und Anstrengung verbunden.

Nun, die wunderbare Nachricht ist, dass es jetzt eine einfache Lösung gibt: Es gibt ein neues Haus, das gerade am Entstehen ist. Doch dieses Haus besteht aus einem neuen, leichten Material, das dir zwar sehr zuverlässigen Schutz bietet, jedoch nirgends begrenzt ist. Es baut sich von alleine – aus sich selbst heraus – auf und ... es kann sozusagen um das alte Haus herum gebaut werden. Es hat sogar die Eigenschaft – die neue Eigenschaft – das alte Haus vollkommen zu verwandeln, zu transformieren. Dieses neue Haus entsteht, während das alte noch bewohnt wird.

Es gibt noch einen wesentlichen Unterschied zwischen diesen beiden Häusern. Das alte Haus hast du nicht alleine gebaut, sondern gemeinsam mit anderen. Sie hatten diesen Auftrag von dir. Das Baumaterial besteht zum größten Teil aus Glaubenssystemen, starren Regeln und Gesetzen. Auch das wurde zusammen mit all den Handwerkern, die es erbaut haben, dort eingebracht. Du hast dich einfach an seine Funktionsweise gewöhnt und sie niemals verändert. Denn du hattest Angst, dass dadurch das Haus seinen Halt verliert.

In deinem neuen Haus bist du ganz alleine der Baumeister. Du brauchst dafür keinen Plan mehr, keine Handwerker. Dieses Haus baut sich vollständig alleine auf, aus deiner eigenen Energie. Du brauchst dafür auch keine Alarmanlage mehr, denn niemand wird dort Gast sein können, den du nicht einlädst. Die Baustoffe werden etwas ungewöhnlich für dich sein, weil du sie selten benutzt hast. Es sind die Leichtigkeit, die Leidenschaft – oder besser die Begeisterung und die Freude. Und es gibt noch ein sehr wichtiges Werkzeug, ohne das alle anderen nicht funktionieren. Es ist deine ganz bewusste Wahl, deine Entscheidung für dein neues Haus, für DICH. Es gibt hier allerdings nicht so etwas wie ein bisschen Entscheidung, ein bisschen Wahl – das wäre genauso unmöglich wie ein bisschen schwanger zu sein.

Wofür entscheidest du dich nun? Für Mühe und Anstrengung – oder für Leichtigkeit und Freude?

Willkommen in deinem neuen Haus!

Ein Raum der Verwandlung

„Wie kann ich Situationen in meinem Leben verändern? Gibt es Hilfsmittel, die auch in der Neuen Energie funktionieren?“

Es gibt viele Möglichkeiten, deine Situation, deine Realität zu verändern. Am Anfang steht immer deine bewusste Wahl – für dich. Dadurch bringst du deine Kräfte in Bewegung, die dann auch nach außen hin ihre Wirkung zeigen.

Deine bewusste Wahl, das heißt mehr als nur einen Wunsch zu äußern – viel mehr. Es heißt gleichzeitig auch, dass du die volle VerANTWORT-ung für dich übernimmst, für ALLES in deinem Leben. Alles, was du erlebst, was du bist, ANTWORTET einfach nur auf dein Bewusstsein. Es wurde von dir erschaffen oder du hast erlaubt, dass es existiert.

Diese Erkenntnis ist die Grundlage einer bewussten Wahl. Und – dies ist sehr wichtig – du kannst sie immer nur für dich alleine treffen! Sonst würdest du in die Verantwortung eines anderen, der auch Gott ist, eingreifen. Und das könnte dann als Antwort auch in deiner Realität erscheinen.

Nun, es gibt etwas in deinem neuen Haus, das du schon benutzen kannst. Es ist sehr wirkungsvoll, doch es funktioniert ebenfalls auf eine völlig neue Art und Weise.

Dort in deinem neuen Haus – das DU bist – gibt es einen Raum, einen Raum mit besonderen Eigenschaften. Er ist ebenso wie das gesamte Haus nicht begrenzt. Er besteht ebenfalls aus diesem neuartigen Material.

Wenn du nun dort etwas hineinbringst, es diesem Raum übergibst, bekommt es eine neue Dynamik. Es findet sozusagen in eine neue Balance, die mit einer Veränderung einhergeht.

Überlege dir vorher gut, was du diesem Raum übergibst, denn er löst einen Prozess der Verwandlung aus. Dabei könnte es durchaus sein, dass das Ergebnis zunächst einmal nicht so aussieht, wie du es dir vielleicht vorstellst. Veränderung heißt nicht, dass die Dinge sich sofort in der gewünschten Form zeigen, doch sie werden auf jeden Fall beginnen, sich in die gewünschte Richtung zu bewegen. Es könnte auch sein, dass sie eine ganz neue Richtung einschlagen, dich auf neue – bessere – Wege führen, die dir jetzt noch gar nicht bekannt sind.

Siehst du, so funktioniert die Neue Energie. Sie ist nicht so berechenbar, nicht so planbar wie bisher. Doch sie bringt dir immer das perfekte Endergebnis.

Wähle ein Thema, das du in deinem Leben verändern willst und wähle dafür ein einfaches Symbol. Dieses Symbol legst du in deinen Verwandlungsraum und beobachtest die Veränderung, die Lösung, die sich dir zeigt. Es kann sich sehr viel verändern, wenn du diesem Neuen in deinem Leben Raum gibst, wenn du das Ergebnis nicht begrenzt.

Achte immer darauf, dass du die Veränderung nur für dich wählst und dass du niemals eine Person in ein Symbol verwandelst! Dies wird und kann nicht funktionieren!

Bedenke immer: Es ist DEIN Raum und DEINE Verwandlung!

Spiel damit, dann wirst du die meiste Freude damit haben...

Alles ist in Ordnung

„Es geschieht so viel auf der Erde, was nicht in Ordnung ist. Es gibt immer noch Kriege, Gewalt und Hass unter den Menschen. Warum müssen so viele Unschuldige sterben? Warum gibt es Hunger und Armut? Das kann doch nicht gerecht sein."

Du siehst diese Ordnung oder das Chaos aus deinem menschlichen Blickwinkel, aus deiner Realität heraus. Für dich sieht es nach Zerstörung aus, nach Ungerechtigkeit. Doch aus der göttlichen Sicht ist es das ganz und gar nicht. Aus dieser Sicht gibt es den Begriff Unrecht, Sünde oder Tod nicht. Es ist alles nur ... Erfahrung. Mehr nicht.

Ich weiß, das ist für dich ganz und gar nicht nachvollziehbar. Doch was du – und alle Menschen – sehen, ist nur ein kleiner Teilbereich von Allem-Was-Ist. Ein sehr kleiner und eingeschränkter Bereich.

Als Gott – Alles-Was-Ist – sich auf Erforschungsreise begab, hatte er nur ein Ziel: Er wollte sich in allen nur möglichen Varianten erfahren. Er wollte wissen, wie es „da draußen" ist. Zuerst fand diese Erforschungsreise nur in den ätherischen Bereichen statt. Die Schöpfungen auf dieser Ebene waren ebenfalls nur ätherisch. Sie konnten dadurch auch in ihrer Form und ihrem Ausdruck sehr schnell verändert werden. Was in dieser Form allerdings nicht möglich war, war eine grundlegende und greifbare Erfahrung mit diesen Schöpfungen. Ein Gedanke des Schöpfers genügte und sie waren nicht mehr das, was sie vorher waren.

Also beschloss Gott – Alles-Was-Ist – sich noch weiter hinaus zu bewegen ... noch tiefer hinabzusteigen. Du warst ein Teil davon. Du gehörtest zu den Wagemutigen, die sich bereit erklärten, sich bis dahin vorzuwagen. Du hast diese begrenzte Welt der Materie miterschaffen, damit du sie erforschen konntest. Du hast damit Allem-Was-Ist – und somit auch dir – einen großen Dienst erwiesen. Du hast mitgeholfen, diese wunderbare Erfahrung möglich zu machen.

Um in diese Grenzerfahrung zu gehen, hast du mit vielen anderen Bewusstseinen von Gott ebenfalls so etwas wie Sicherheitsvorkehrungen getroffen. Allerdings sind es nicht solche, wie du sie von deiner materiellen Welt her kennst. Sie nahmen dir niemals deine Verantwortung für dich selbst und deine Schöpfungen ab. Es war nur so, dass du, Gott, nicht wusstest, was in dieser Schöpfung – der Materie – mit dir geschehen würde. Und so erschufst du vorher die Erzengel, die Schutzengel, die Geistführer ... aus dir heraus, aus deiner eigenen Energie. Sie sollten die Verbindung zum Ursprung, zum Ausgangspunkt, zu den ätherischen Bereichen halten. Verstehst du nun, dass all diese Energien ein Teil von dir sind, dass du sie gleichfalls auch IN dir findest? Sie sind nicht von dir getrennt und waren es niemals! Du hast dich nur nicht mehr daran erinnert. Hättest du sonst hier so gut spielen können?

Du kannst dich genauso wenig von Allem-Was-Ist trennen, wie du deinen Arm, dein Bein, dein Blut von deinem Körper trennen kannst. Es gehört alles dazu und erfüllt ganz bestimmte Aufgaben. Jedes Körperteil, jede Zelle ist unendlich wichtig, um dem Körper umfassende Erfahrungen zu ermöglichen. Ohne Beine würde er nicht erfahren, wie es ist, zu laufen. Ohne Augen würde er die Erfahrung des Sehens nicht machen können. Und so ist es mit jedem anderen Körperteil genauso. Wenn ein Körperteil fehlt, dann übernehmen zwar die anderen dessen Aufgabe so weit möglich, doch es ist nicht dasselbe.

Genauso ist es auch mit den Menschen auf der Erde. Jedes Bewusstsein ist ein wichtiger Teil des Ganzen. Jedes Bewusstsein trägt auch gleichzeitig das Bewusstsein Gottes in sich. Auch dann, wenn es sich nicht daran erinnern kann. Doch dies geschieht in voller Absicht. Es gehört zum Plan und macht Erfahrung überhaupt erst möglich.

Gott hat sich also sozusagen in unzählige Bewusstseine verwandelt, um ein ganz besonderes Spiel spielen zu können – das Spiel der Begrenzung. Auch dieser perfekte Spielplatz Erde wurde erschaffen und mit ihm ebenso die Gegensätze. Wie sollte Gott das Licht erfahren ... ohne den Mitspieler Dunkelheit? Wie konnte wirklich tiefe Freude erfahren werden ... ohne tiefe Trauer?

Gott teilte sich also in unzählige verschiedene Rollen auf, um unzählige verschiedene Erfahrungen machen zu können. Jede dieser Rollen ist unendlich wichtig. Jede Rolle ist äußerst wertvoll. Alles, was geschieht, ist somit ein Geschenk an Alles-Was-Ist.

Jedes göttliche Bewusstsein, das sich hier als Mensch verkörpert, hat dieser Rolle zugestimmt. Jedes Bewusstsein hat seinen eigenen Plan, sein eigenes Drehbuch für dieses Spiel. Jeder Mensch hat die Fähigkeit, eigene Wahlen zu treffen und dadurch auch sein eigenes Spiel zu verändern. Kannst du ermessen, was das wirklich bedeutet?

Nehmen wir einmal an, du spielst in einem Theater und wählst dir dort eine ganz bestimmte Rolle. Einfach deshalb, weil du wissen willst, wie es sich anfühlt, ein Bösewicht zu sein. Du bist gerade dabei, es zu spielen, dich ganz und gar in deine Rolle hineinzuversetzen ... und dann kommt ein anderer Mitspieler und holt dich von der Bühne. Er greift in deinen Plan ein und gibt dir eine andere Rolle – zum Beispiel den Gütigen. Wie würdest du dann reagieren? Würdest du den Wunsch, diese Rolle zu spielen, aufgeben? Oder würdest du die nächste Gelegenheit nutzen, um sie erneut zu spielen, weil dir sonst eine Erfahrung fehlt...?

Nun, ich werde dir ein weiteres Beispiel geben. Du spielst wieder die Rolle des Bösewichts und gehst ganz und gar darin auf. Plötzlich stellst du fest, dass es dir keinen Spaß mehr macht. Dass du die Rolle wechseln möchtest. Wenn du an diesem Punkt angelangt bist, gibt es mehrere Möglichkeiten. Entweder du erkennst alleine, dass du einfach nur die Bühne verlassen oder das Theater wechseln brauchst oder du fragst deine Mitspieler um Rat, wie du an eine andere Rolle kommst. Du fragst sie, ob sie dir dabei helfen können.

Eins werden sie jedoch nicht wirklich wollen: deine Rolle für dich übernehmen oder ihre eigene Rolle aufgeben. Wenn sie das tun, dann erfüllen sie nicht mehr ihren eigenen Plan. Sie werden immer den Wunsch in sich tragen, noch einmal in ihre alte Rolle zu steigen und sie zu Ende zu spielen. Verstehst du nun den Sinn hinter allem?

Heißt das nun, dass du zum Egoisten wirst? Heißt das, dass du niemandem mehr helfen darfst? Heißt das, dass du zusehen musst, wenn jemand in Not ist?

Nein, das heißt es nicht. Es bedeutet einfach nur, dass du die Rollen, die Wege der anderen Mitspieler anerkennst. Dass du sie tief in dir achtest und spielen lässt – so lange, bis sie von selbst diese Rolle verändern wollen. Nur dann greifst du nicht in ihren Plan ein, in ihr eigenes göttliches Spiel.

Wenn du nun jemandem helfen willst, dann sehe dir zuerst die Energien an, die dahinter stehen. Schaue dir an, ob sie wirklich ihre Rolle wechseln wollen, ob sie wirklich ihr altes Spiel beenden wollen. Oder ob sie einfach nur einen Zuschauer in dir sehen, der auf ihr Spiel reagiert. Dann ist es wiederum deine Entscheidung, ob du mitspielst – oder nicht. Ob du in diese Energie mit hineinspringst – oder nicht.

Schau dir ebenso auch deine eigenen Energien an. Was veranlasst dich, in das Spiel eines anderen einzugreifen? Warum spendest du zum Beispiel – und warum für ganz bestimmte Projekte? Ist nicht alles gleich wichtig und gleich gut? Willst du vielleicht dein schlechtes Gewissen in irgendeinem Bereich ruhigstellen? Oder brauchst du das Gefühl, für irgend etwas auf dieser Welt wichtig zu sein?

Nichts davon ist falsch, nichts davon richtig. Denn diese Bewertung gehört zur Illusion der Realität, in der du lebst. Alles, wirklich alles ist nur ... Erfahrung.

Darum ist alles, was es gibt, angemessen und führt wiederum zu einer neuen Erfahrung. So ist diese Realität nun mal aufgebaut. Du verbindest zwei Komponenten miteinander und ... erschaffst eine dritte. Was für dich wie Zerstörung aussehen mag, ist tatsächlich die Voraussetzung für einen Neubeginn. Was wie Tod aussehen mag, ist der Beginn für neues Leben. Tiefe Trauer oder Erschütterung kann ungeahnte Gefühle der Freude hervorbringen, völlig Neue Energien ans Licht holen. Ja, dies kann auch manchmal Jahre dauern – oder mehrere Leben. Doch nichts bleibt so wie es war, alles ist in stetiger Veränderung. Das bedeutet LEBEN. Stillstand gibt es nicht, denn das wäre wahrhaftig das, was du als Tod bezeichnest.

Auch die Erde – Gaia[6], dieser Spielplatz, auf dem du gerade dein Spiel erfährst, wurde einst von dir miterschaffen. Sie trägt auch deine Energie, ebenso wie von allem, was sich auf ihr verkörpert hat. Diese Energien sind für die Zeit der Verkörperung untrennbar miteinander verbunden. Gaia reagiert also auf das Bewusstsein all dieser Wesen. Und sie hat ebenso die Tendenz zur Regeneration in sich wie du, zur Selbstheilung, wie du sagen würdest. Hätte sie das nicht, würde es sie längst nicht mehr geben. Sie braucht also nicht von außen, von ihren auf ihr lebenden Wesen „gerettet“ zu werden.

Sie reagiert einfach nur ... auf Bewusstsein. Was meinst du nun also, wie du ihr am meisten helfen kannst? Wie DU dafür sorgen kannst, dass es Gaia gut geht? Ändere dein Bewusstsein, und damit veränderst du nicht nur deine Realität – sondern Alles-Was-ist!

Bevor du also irgendwo etwas verändern willst, helfen willst ... schaue dir die Dinge aus einer anderen Position heraus an. Gehe in dein neues Haus, in dein Bewusstsein der Neuen Energie, stelle dich dort hinter deinen Gartenzaun – der übrigens sehr niedrig ist – und schaue dir die Energien an, die da draußen wirken... die miteinander spielen. Und dann entscheide dich, ob du mitspielen willst ... oder dieses Spiel und ihre Mitspieler einfach nur für das, was sie gerade tun, ehren kannst.

Noch etwas anderes geschieht hier, wenn du mehr und mehr in deinem neuen Haus lebst. Du veränderst die Energie von Allem-Was-Ist. Andere werden dein Haus sehen und dich fragen, wie du es gebaut hast. Und du wirst ihnen sagen, dass sie es genauso können und dass es ganz einfach ist. Dass sie sich nur dafür entscheiden brauchen. Dass es das Einzige ist, was wirklich schwer sein könnte.

Verändere dich und du veränderst die Welt! Das Einzige, was du dafür tun musst, ist deine Entscheidung zu DEINER eigenen Veränderung.

Akzeptiere alles wie es ist – auch dich! Gott macht niemals Fehler und du bist Gott. Du hast es nur vergessen.

---

[6] Die Erde wird der spirituellen Wesenheit Gaia zugeordnet.

Das Geschenk, ein Mensch zu sein

„Warum ist es mit so viel Mühe verbunden, mit all den Unannehmlichkeiten wie Schmerzen, Hilflosigkeit und Ängsten? Dieses Leben als Mensch ist doch oft lästig. Und wenn ich nicht solche Angst vor dem Tod hätte, dann wäre ich nicht mehr hier.“

Die Wahl, in einem Körper auf dieser Erde zu leben, hast du selbst getroffen, bevor du hierher kamst. Auch wenn dir dies jetzt nicht bewusst ist, niemand hat dich dazu gezwungen. Viele Engelwesen haben sich bereit erklärt, Gott – Alles-Was-Ist – sich selbst diese Erfahrung zu schenken und sich bis in die äußersten Ebenen hinauszuwagen – in die Materie, die Begrenzung. Nicht alle hatten diesen Mut, das zu tun – doch DU warst dabei. Du hast dich für diesen Dienst gemeldet. Du hast die Spielregeln ebenfalls akzeptiert, ihnen zugestimmt. Sonst hättest du nicht in einem menschlichen Körper inkarnieren können.

Es ist eine große Entscheidung, die sehr viel Mut erfordert, sich mit dem Bewusstsein von Allem-Was-Ist in dieses sehr *dichte* Gebiet der Materie zu begeben. Du hast eingewilligt, deine ureigenen Kräfte zu vergessen ... deine Schöpferkraft. Du wolltest erfahren, wie du ohne dieses Wissen zurechtkommst. Und du wolltest JETZT, in der Begrenzung eines Körpers, diese Erinnerung an Alles-Was-Du-Bist wieder finden. Dieses spannende Spiel wolltest du nicht versäumen und hast dich als eine der ersten dafür gemeldet.

Als du das erste Mal vor langer Zeit in dieses Spielfeld kamst, merktest du, dass du dich sehr weit entfernt hattest von deinem Ursprung. Du warst immer noch mit deinem göttlichen Selbst verbunden, doch es wurde immer schwächer und manchmal spürtest du es überhaupt nicht mehr. Ab diesem Zeitpunkt fühltest du so etwas in dir wie ... Schuld. Es war das Gefühl des Abgetrenntseins von Allem. Du dachtest, du hättest dich niemals so weit vorwagen sollen ... und doch war es dein allergrößtes Geschenk an Alles-Was-Ist – Gott – DICH!

Du hast damit Gott – dir – Erfahrungen möglich gemacht, die jenseits von dem sind, was anfangs für möglich gehalten wurde. Du bist aus dem Paradies gegangen – jedoch niemals gefallen! Es war deine Entscheidung, dies zu tun. Und es hat alles verändert. Es hat Allem-Was-Ist gezeigt, was alles möglich ist.

Alle deine Schuldgefühle haben ihren Ursprung in dieser Trennung. Doch diese Erfahrung ist in der Tat ein großes Geschenk.

Du kannst es dir nun endlich erlauben, dieses Menschsein zu genießen. Es gibt in Wahrheit keinen Tod, denn Energie lässt sich nicht vernichten. Dies war von Anfang an eine Option, die du – Gott – in dir selbst verankert hast. Du kannst nur deine Erscheinung ändern, aber niemals dich selbst auslöschen. Das ist unmöglich.

Nun, da du wieder Zugang zu deiner eigenen Schöpferkraft bekommst, zu deiner eigenen Macht, kannst du auch deine Realität verändern. Du kannst völlig neu wählen, noch während du in einem Körper bist. Das konntest du vorher auch, doch hattest du meistens Angst, es auch wirklich zu tun. Nun ist es an der Zeit, dein Erbe wieder anzutreten und das zu tun, wofür du zu dieser Zeit hier bist.

Lebe die Freude. Genieße es, in einem Körper zu sein. Richte deinen Blick auf alle Dinge, die dir ohne einen Körper nicht möglich sind. Dadurch erfüllst du deinen Auftrag in dieser Zeit der Veränderung.

Experimentiere mit deiner Schöpferkraft in der Begrenzung, in deinem Spielfeld der Neuen Energie. Es ist vieles möglich, was du bisher für unmöglich gehalten hast – und du wirst eines Tages feststellen, dass sogar die Grenzenlosigkeit möglich ist. Du wirst einer von denen sein, der dies möglich gemacht haben.

Erlaubst du dir, Mensch und Gott zugleich zu sein? Erlaubst du dir, dein Bewusstsein auszudehnen und Zuhause zu dir zu holen? Erlaubst du dir, dich wieder zu erinnern, was du wirklich bist?

Dann genieße dieses besondere Spiel mit allen Sinnen, die dir als Mensch zur Verfügung stehen!

Ich bin ... DU! Ich bin Gott, der gerade spielt, ein Mensch zu sein.

Nur das JETZT zählt

„Ich habe schon so viel Schlimmes erlebt und jetzt habe ich Angst vor der Zukunft. Was wird sie mir wohl bringen? Oft bin ich enttäuscht worden, hatte etwas anderes erwartet. Es hat ja eh keinen Zweck, neu zu beginnen – oder?"

Der einzige Zeitpunkt, der wirklich real ist, ist genau jetzt und hier. Alle Schöpfung entsteht in diesem göttlichen Augenblick und nur dort.

Deine Vergangenheit – du hast sie ebenfalls in solch einem Augenblick erschaffen, genau wie das, was du Zukunft nennst.

Deine Vergangenheit setzt sich zusammen aus Erfahrungen, wertvollen Erfahrungen. Ohne sie wüsstest du nicht, wie diese Realität, in der du lebst, funktioniert.

Es gehört zum Spiel der Dualität, dass es so etwas wie Zeit und damit auch Vergangenheit und Zukunft gibt. Außerhalb der Dualität ist dies nicht möglich. Dort ist auch diese Erfahrung von Schöpfung – zum Beispiel Ursache und Wirkung – nicht möglich. Um den Prozess der Schöpfung zu verlangsamen, mussten Zeit und Raum – dieses Kontinuum – geschaffen werden. So wie ein Spielplatz für Kinder Sand braucht, um damit etwas zu formen und Spielgeräte, um damit die eigenen Möglichkeiten zu entdecken. Erst Zeit und Raum machen es möglich, Schöpfungen sichtbar, greifbar und erfahrbar zu machen. Verstehst du jetzt, warum diese Erfahrungen so wichtig sind? Sie sind eine göttliche Studie, in der du mitwirken kannst.

Du schaust auf deine Vergangenheit und baust deine Zukunft darauf auf. Warum? Willst du wirklich all deine Erfahrungen immer wiederholen? Willst du nicht endlich neue Erfahrungen machen? Du wunderst dich, warum sich nichts verändert, dabei ist es doch ganz einfach. Deine Vergangenheit ist nur dafür da, um dir deine Wahlen leichter zu machen. Um dir anzuschauen, was du jetzt im Moment anders machen kannst – oder was du wiederholen willst. Die Verantwortung für das, was du heute oder morgen erlebst, hast alleine du – nicht deine Vergangenheit. Sie ist längst vorbei, nichts weiter als eine Illusion. Ein Bild ... ein Katalog deiner Möglichkeiten, mit denen du experimentiert hast. Nichts weiter.

Jedes neue JETZT kann der Zeitpunkt sein, ein neues Experiment zu beginnen, ein Spiel mit anderen Erfahrungen zu wählen. Es gibt unzählige Potenziale, die nur darauf warten, dass du sie ergreifst ... und mit ihnen spielst.

Deine Zukunft – sie ist einfach nur das, was du in diesem göttlichen Augenblick, JETZT, wählst – was du aus einem neuen Sortiment ... deinen Potenzialen ... sozusagen bestellst. Das wofür du dich entscheidest, wird geschehen. Wenn du Angst vor der Zukunft hast, nimmst du einfach das Baumaterial der Vergangenheit und versuchst damit, etwas anderes zu errichten. Was meinst du, kommt dabei heraus? Wenn du dir Sorgen machst, ganz gleich worüber, erlebst du etwas, das es in der Tat nicht gibt ... und das niemals Realität werden muss. Es existiert nur in deiner Vorstellung, deiner Imagination – und du holst es dadurch in deine Realität ... ins Jetzt.

Warum nimmst du nicht lieber ein ganz neues Material – Neue Energie – und erschaffst damit neue Potenziale ... neue Möglichkeiten? Du wirst staunen, wie anders deine Erfahrungen sein können. Du wirst es jetzt noch nicht vermuten, ganz einfach, weil du es noch nicht kennst. Und weil du es noch nie ausprobiert hast.

Nimm einen tiefen Atemzug ... und fühle das JETZT, fühle diesen einen göttlichen Augenblick, der ganz und gar dir gehört. Diesen absolut schöpferischen Moment.

Wie kannst du nun deine Zukunft neu gestalten? Wie erschaffst du Neue Energie?

Erst einmal: Neue Energie erschaffst du ständig. Sie kommt aus dir selbst und sie existiert ebenso auch um dich herum. Sie kommt dadurch zustande, dass Dunkelheit und Licht, dass die Gegensätze nun wieder zueinander finden und sich vereinen. Das haben sie nie zuvor in dieser Art getan, einfach weil es nicht möglich war. Nun hat das Spiel sich verändert und damit auch die Spielregeln. Wenn du beide Seiten in dir anerkennst, brauchen sie nicht mehr miteinander zu kämpfen und beginnen ein gemeinsames neues Spiel. Ein Spiel, in dem diese beiden Gegensätze miteinander tanzen und ihre Kräfte vereinen zu Neuer Energie.

Stell dir vor, du sitzt auf deinem Schöpferthron. Dieser Thron steht im göttlichen Moment – im JETZT. Bisher hast du ihn verlassen, um mit deinem Bewusstsein in die Vergangenheit zu reisen – oder in die Zukunft. Du hast ein Spiel des Kämpfens gespielt, um zu einem bestimmten Ziel zu kommen. Und als du es erreicht hattest, kämpftest du dich an dein nächstes Ziel. Und dies ging immer so weiter... Doch auf deinem Thron im Jetzt hast du nur sehr selten gesessen. So hast du etwas sehr Wesentliches verpasst: Du warst nicht da, warst nicht Zuhause, als die Lieferungen ankamen. Du warst gerade unterwegs zu neuen Zielen.

Dadurch hast du auch nicht bemerkt, dass Gelegenheiten ... Menschen ... Potenziale ... *Zu-fälle* ... vor deinem Thron standen. Du hast die Annahme deiner eigenen Geschenke versäumt, die du dir erschaffen hattest. Diese Geschenke sind nur im JETZT sichtbar und wahrnehmbar. Und ... sie verschwinden einfach wieder, wenn niemand zu Hause ist – in diesem Moment. Sie brauchen etwas, das sie dann am Leben erhält – DICH! Du bist derjenige, der sie erschaffen, bestellt hat – und nur du kannst ihnen Leben einhauchen, sie in Besitz nehmen.

Diese Schöpfungen der Neuen Energie reagieren ebenso wenig darauf, wenn du sie festlegen oder festhalten willst. Sie wollen frei sein, um dir das Beste bringen zu können. Sie brauchen keinerlei feste Zielvorstellung, das würde sie in ihrem Potenzial begrenzen. Sie reagieren einfach nur darauf, was du wählst und wenn du mit ihnen spielst, in Leichtigkeit und Freude.

Spielen und wählen heißt nicht wollen, brauchen oder müssen. Es heißt nur, dass du dich entscheidest, was du für DICH wirklich willst – es wählst und dann zu dir kommen lässt. Ohne darauf zu warten oder etwas ganz Bestimmtes zu erwarten.

Wenn es sich um eine Beziehung handelt, könnte es sein, dass du dich auf einen bestimmten Partner festlegst. Das könnte dir jedoch die Möglichkeit nehmen, dass dein Seelenpartner für dieses Spiel zu dir findet. Außerdem entscheidest du in diesem Fall nicht nur für DICH. Wenn du deine Schöpfungen frei sein lässt, können sie dir immer das Optimalste bringen.

Nehmen wir an, du wählst eine ganz bestimmte Arbeitsstelle oder einen neuen Wohnort. Deine genaue Vorstellung davon könnte das, was absolut passend für dich ist, wiederum begrenzen. Du stellst dir das Ergebnis vor und bist trotzdem hinterher enttäuscht. Es ist das Ende einer Täuschung, jedoch immer einer Selbst-Täuschung. Niemand anderer trägt hierfür die Verantwortung. Es war DEINE Vorstellung, die sich hier nicht erfüllt hat!

Lebe im JETZT, von Augenblick zu Augenblick. Lass dich überraschen von dem, was du dann wahrnimmst. Entscheide dich immer wieder neu, womit du spielen willst.

Nimm einen tiefen Atemzug ... und SEI in der einzigen Realität, die es gibt – im göttlichen Augenblick.

Dein Körper – Ausdruck deines Bewusstseins

„Was mache ich gegen meine Schmerzen? Warum reagiert mein Körper nicht mehr auf das, was ihm früher geholfen hat? Warum habe ich heute Heißhunger auf Süßes und kurze Zeit später auf etwas völlig anderes?“

Dein Körper – auch dein Schmerz – ist ein vollkommener Ausdruck deines Bewusstseins. So wie ein Drucker nur das ausdr(ü)cken kann, was im Computer gespeichert ist.

Es gibt Energien, die manchmal in dir feststecken sozusagen, weil du sie nicht herauslässt, weil du sie kontrollierst. Dies kann sich in Schmerzen äußern oder auch auf andere Weise. Depressionen sind ebenfalls eine Reaktion auf Energien, die von dir festgehalten werden.

Durch jedes Gefühl in dir – jede Freude, jeden Ärger, jede Angst – entsteht ein Energiepotenzial gleichzeitig auch in deinem Körper. Diese Energien haben das Bedürfnis, sich auszudrücken – durch DICH. Wenn du nun versuchst, sie zu kontrollieren oder zu verdrängen, dann werden sie sich in deinem Körper manifestieren. Dies kann durchaus zu Schmerzen und zu Krankheit führen. Diese Energien in dir sind ein äußerst kraftvolles Potenzial, das nur nach einem strebt: nach Ausdruck!

Deine Erfahrungen der Vergangenheit haben dir vielleicht gezeigt, dass Ausdruck etwas Unangenehmes erzeugt. Dies begann bereits kurz nachdem du in diesen Körper kamst. Immer wenn du deinen Gefühlen freien Lauf gelassen hast, wurde dir gesagt, dass es schlecht sei, dass andere dich dafür nicht lieben, dass du sogar bestraft wurdest dafür. Diese Glaubensüberzeugung trägst du noch immer in dir. Du hast nicht versucht, dich darüber hinwegzusetzen und es zu verändern – vielleicht einfach nur deshalb, weil es dir nicht bewusst war.

Deine Gefühle, deine Energien, dein Potenzial freilassen – ausdrücken –, bedeutet nicht unbedingt, wild schreiend durch die Gegend zu laufen. Natürlich kannst du auch das tun, wenn du es willst. Es gibt genügend Möglichkeiten dafür in der Natur.

Worum es hier geht, ist Ehrlichkeit mit dir selbst ... und mit deinen Mitspielern. Wenn du zum Beispiel jemanden besuchst und dies aus reiner Pflichterfüllung tust – bist du dann ehrlich mit dir und deinem Gastgeber? Meinst du, dass er die Energie, die du mitbringst, nicht spürt? Meinst du, dass ihm dein Besuch Freude macht? Dieses Gefühl in dir, das sich lieber anders entschieden hätte, es wird in diesem Moment nicht ausgedrückt, doch Energie geht niemals verloren. Es sucht sich selber einen Weg, um sein Potenzial auszuleben – sich auszudrücken. Dein Körper hat dieses Potenzial als Information gespeichert und wird es früher oder später nicht mehr verbergen können ... so wie du.

Allerdings gibt es auch noch andere Ursachen, warum dein Körper sich an manchen Tagen seltsam verhält.

Energie verändert sich, somit verändert sich auch dein Körper. Er ist nach den Gesetzmäßigkeiten der alten Energie aufgebaut, die er nun in eine neue Struktur bringen muss, bis in den Kern jeder Zelle hinein. Dies betrifft dein gesamtes System, nicht nur deinen Körper.

Was du bei all dem vielleicht nicht bedenkst, ist die großartige Intelligenz deines Körpers. Er *weiß* sehr genau, was ihm gut tut, gerade in dieser Zeit der Veränderung. Er zeigt es dir sehr deutlich. Doch kannst du ihm auch vertrauen, dass er es weiß? Ja, dass er sogar sich selbst heilen kann, wenn du ihn lässt?

Dass dein Körper nach verschiedenen Dingen verlangt, die ihm dann gerade helfen, mit der veränderten Situation umzugehen, gehört ganz einfach zu diesem Prozess dazu. Wenn du es schaffst, deinem Körper und seiner Intelligenz zu vertrauen, wirst du immer wissen, was gerade das Optimale für ihn ist. Er wird es dir sagen.

Dies gilt ebenso für alles andere, was du ihm zuführst. Es kann sein, dass er heute auf ein bestimmtes Mittel reagiert, morgen auf etwas anderes und wieder einen Tag später braucht er einfach nur Ruhe, mehr nicht.

Es gibt sehr vieles, womit du ihn unterstützen kannst, womit du ihm seine Veränderung erleichtern kannst:

Was dein Körper unbedingt – und sehr oft – braucht, ist deine klare Entscheidung zum Leben. Das Wichtigste für ihn ist dein JA zum Leben! Dieses Ja kannst du so oft es geht jede deiner Zellen wissen lassen und sie werden es dir mit purer Lebenskraft danken.

Die einfachste und wirkungsvollste Unterstützung für deinen Körper ist ... einen tiefen Atemzug zu nehmen, in jede deiner Zellen hinein. Damit kommst du sehr schnell wieder in Balance. Außerdem ist es eine sehr effektive Möglichkeit, feststeckende Energien zu befreien. Du atmest sie einfach durch dich hindurch.

Noch etwas geschieht, während du atmest: Du bist im absoluten göttlichen Augenblick. Denn es wird dir nicht gelingen, gleichzeitig bewusst zu atmen und dabei Probleme zu wälzen oder etwas zu kontrollieren. Probiere es aus, wenn du es nicht glaubst.

Abschied der Vergangenheit

„Wie kann ich mein Leben verändern, wenn ich noch Karma aus vergangenen Leben ausgleichen muss? Wann komme ich aus diesem ewigen Rad der Wiedergeburt frei?“

Indem du es wählst! Du kannst jetzt all deine Energien aus der Vergangenheit verabschieden, dazu gehören auch deine Existenzen aus anderen Realitäten.

Deine vergangenen Leben sind nichts weiter als Erfahrungen, die du zu anderen Zeiten, in anderen Dimensionen gesammelt und in Alles-Was-Ist eingebracht hast. Du hast diese Erlebnisse ebenfalls in deiner Seele gespeichert und doch sind sie nicht das, was du in diesem Leben ... in dieser Rolle jetzt bist. Sie haben sozusagen eine eigene Identität.

Du wolltest dich in vielen verschiedenen Möglichkeiten und Rollen erfahren. Du hast alle diese Rollen perfekt gespielt und es hat immer dein Leben und das von anderen bereichert. Sogar wenn diese Erfahrungen das waren, was du jetzt aus deiner Sicht als böse und gewalttätig bezeichnen würdest. Aus der göttlichen Sicht waren sie einfach nichts weiter als ... Erfahrungen, sehr wertvolle sogar.

Das mag dich jetzt vielleicht etwas verwirren, als Mensch, der du gerade in dieser Welt der Dualität lebst. Doch bedenke, es gibt immer auch die andere Seite, wie du sie bezeichnest. Nur gemeinsam können diese beiden Seiten vollkommen sein. Darum ist es wichtig, sie beide zu betrachten – und zusammenzubringen, zu vereinen.

Du lebst in einem Spielfeld, in dem es so vorgesehen war, beide Seiten – gegensätzliche Energien – in dieses Spiel einzubringen. Diese Aufgabe hast du hervorragend gemeistert. Selbst in diesem jetzigen Leben konntest du niemals nur eine Rolle verkörpern. Du konntest nicht nur als der Gute oder nur als der Böse auftreten. Es war immer auch der gegensätzliche Teil darin enthalten, auch wenn es für dich nicht immer so aussah.

Viele Identitäten hast du verkörpert, in vielen verschiedenen Rollen hast du dich und deine Möglichkeiten ausprobiert. Es gab Zeiten, in denen es dir Spaß machte, in den Kampf zu ziehen. Zu anderen Zeiten wiederum lebtest du zurückgezogen in der Einsamkeit. Du hast Liebe, Hass, Freude, Trauer, Täter und Opfer in Perfektion gespielt. Und jedes Mal hast du dich nach dem Ende des Spiels neu entschieden. Du erkanntest aus dieser Sicht heraus, wie du dein Spiel verändern kannst. Und ... was dir an Erfahrung noch fehlte.

So etwas wie Karma hat es nie gegeben. Es ist ganz einfach eine menschliche Erfindung, um die Sichtweise Gottes zu verstehen. Um eine Erklärung dafür zu finden, warum es diese beiden Seiten gibt – warum es Menschen gibt, die leiden müssen und Menschen, denen es anscheinend ohne Grund gut geht.

Das alles ist eine Illusion des menschlichen Bewusstseins. Denn jeder Mensch hat sich seine Rolle vor dem Eintritt in diese Welt selbst gewählt. Er hat sie in der Begrenzung eines Körpers erfahren wollen, denn er wusste nicht, wie es sich anfühlt ... zu leiden oder sich von Herzen zu freuen ... gehasst oder geliebt zu werden ... ein Bettler oder ein Millionär zu sein ... zu weinen oder zu lachen ... zu hungern oder ein gutes Essen zu genießen ... allein zu sein und sich einsam zu fühlen oder eine erfüllte Partnerschaft zu leben. All das will Gott durch sein menschliches Bewusstsein erfahren – auch durch dich.

Warum gehst du in ein Theater oder siehst dir einen Film an? Würde dich das noch interessieren, wenn jeder die gleiche Rolle spielen würde? Was ist mit einem Schauspieler? Würde es ihm Spaß machen, jahrelang die gleiche Rolle zu spielen, Tag für Tag?

Ja, dieser Schauspieler wird eines Tages zu seiner Rolle werden. Er wird nicht mehr wissen, wer er vorher war, wer er in Wirklichkeit ist. Und auch niemand anderes wird es ihm sagen können. Denn auch sie haben es inzwischen vergessen.

Genau so geht es auch DIR. Du hast in all den Rollen, die du gespielt hast, deine wahre Identität vergessen – DU, Gott. Nun ist es Zeit, dich wieder daran zu erinnern.

Es ist Zeit, all die gelebten Identitäten, die du gespielt hast, zu verabschieden. Sie warten darauf, dass du sie gehen lässt. Sie werden zu einer Art lebendigen Chronik im Buch der Erfahrungen ... von Allem-Was-Ist.

Gib ihnen deine Erlaubnis, sich von deiner Energie zu (er)lösen und werde wieder Alles was DU bist. Du brauchst dafür nicht deinen Körper zu verlassen. Erlaube dir einfach nur, ein göttlicher Mensch zu werden, hier in diesem Leben und in diesem Körper und ein neues Spiel zu beginnen:

das Spiel der Neuen Energie!

Jeder ist perfekt

„Was kann ich tun, damit andere Menschen mich verstehen? Ich fühle mich oft so allein und wünsche mir so sehr, in Frieden und Harmonie zu leben."

Es ist tatsächlich so, dass du allein bist. Doch nicht so, wie du vielleicht meinst. Denn du bist und erschaffst gleichzeitig deine eigene Welt, bist der Mittelpunkt und der Herrscher in deinem eigenen Reich. Viele Energien begleiten dich bei diesem Spiel. Dazu gehören sowohl die Menschen, mit denen du zu tun hast wie auch viele Engelwesen. Genauso ist es bei jedem anderen Menschen. Auch du gehörst mit zu ihrem Spiel. Ihr habt es so vereinbart.

Alles-Was-Ist, Gott, hat sich in unzählige verschiedene Bewusstseine aufgeteilt, um Erfahrungen zu machen, die er nur auf diese Weise machen kann. Eines dieser Bewusstseine bist DU. Genau wie du haben sich die anderen ebenfalls auf den Weg gemacht, jeder auf seinen eigenen. Ihr alle habt damit begonnen, eure Schöpferkraft auf verschiedene Weise auszuprobieren. Ihr habt damit experimentiert. Jeder von euch hat seine Erfahrungen eingebracht und weitergeforscht. Jeder auf seine ganz spezielle Weise. Ihr habt mit euren dunklen Anteilen gespielt und ebenfalls mit den hellen. Das habt ihr so lange getan, bis ihr an einen Punkt kamt, an dem ihr das Gefühl hattet, alles nur noch zu wiederholen. Genau an diesem Punkt seid ihr jetzt. Und ihr – Gott – habt beschlossen, ein neues Spiel der Erfahrungen zu beginnen.

Jedes menschliche Wesen lebt vom Augenblick der Bewusstwerdung an in seiner eigenen Realität. Niemand kann die Dinge genauso wahrnehmen wie du oder ein anderer. Ich will es dir an einem ganz einfachen Beispiel erklären:

Nehmen wir an, du siehst aus einem Fenster hinaus auf die Straße. Du siehst die Straße hoch und runter – viele Häuser stehen dort. Und an jedem Fenster siehst du jemand anderen, der ebenfalls auf die Straße schaut. Was meinst du: Sieht jeder von euch genau das gleiche? Sieht es für jeden genauso aus? Wenn du es nicht verstehst, bitte ich dich, es einfach auszuprobieren. Du brauchst dafür nicht in jede Wohnung zu gehen. Es reicht bereits, wenn du deinen Standpunkt von Haus zu Haus verlagerst.

Du könntest nun sagen, dass du andere Menschen bitten könntest, dich zu besuchen. Dann könnten sie aus deinem Fenster schauen. Nun, so einfach ist das nicht. Denn sie werden auch dann andere Dinge wahrnehmen als du. Einfach deshalb, weil ihre Erfahrungskette eine andere ist als deine. Und auch das ist nichts weiter als ein Ausdruck dieses göttlichen Experiments.

Damit dieses Experiment so gut gelingen konnte, war es wichtig, all die vielen Möglichkeiten zu erfahren, die es gibt. Die Welt der Dualität wurde als Spielfeld geschaffen – auch von dir –, um sich in diesen Gegensätzen selbst zu erkennen. So wie du dich nur in einem Spiegel selbst anschauen kannst. Die Dualität hat ihre Existenz als Spielfeld nur aufrechterhalten können durch den ständigen Wechsel der Gegensätze – das Auf und Ab. So entstand Energie, immer und immer wieder. Frieden und Harmonie ist die eine Seite – Konfrontation und Krieg die andere Seite. Die dritte Energie in dir, die dritte Kugel, war in ständigem Wechsel und hat dadurch das Experiment Dualität am Leben erhalten.

Wie du weißt, gibt es nun auch diese vierte Energie, die diesem Spiel eine neue Variante hinzufügt ... die Christussaat, den Samen der Göttlichkeit, der die Balance der Neuen Energie mitbringt. Mit ihr hört der Kampf der Dualität auf. Beide Kräfte finden zueinander und vereinigen sich zu etwas Neuem. Etwas, das es vorher in dieser Form nicht gab.

Diese Vereinigung der Kräfte findet nun sowohl im außen als auch IN dir statt. Alle dunklen, ungeliebten, verdrängten Anteile werden sich so lange zeigen, bis ihre Existenz nicht mehr verleugnet wird. Sie wollen heimkehren dürfen und mit offenen Armen empfangen werden – sie sind die verlorenen Söhne IN DIR.

Durch diese Vereinigung deiner gegensätzlichen Kräfte entsteht viel mehr als nur Harmonie und Frieden – viel mehr. Es ist ein Gefühl, das du noch nicht kennst und das alles in einen Ausgleich bringen wird – in eine neue Balance.

Erlaubst du dir nun, alles zu sein, was du bist?

Partnerschaft – Seelenliebe

„Immer wieder komme ich an Partner, mit denen ich die gleichen Probleme habe. Wie finde ich meine große Liebe – meinen Seelenpartner, der nur zu mir gehört – meine absolute Ergänzung?“

Bisher sind die meisten Menschen in deinem Leben Mitspieler, mit denen du dich zu einem ganz bestimmten Spiel auf der Erde verabredet hattest. Ihr habt es nur vergessen, um in euren Rollen perfekt zu sein, um eure Dramen zu vollenden.

In einer Partnerschaft kommen meistens Seelen zusammen, die ganz besondere Vereinbarungen haben. Sie wollen miteinander besonders tiefe Gefühle erleben – in tiefste Tiefen und höchste Höhen hinein. Sie wollen sich aneinander messen, um sich selbst besser kennen zu lernen. Dies betrifft nicht nur eine Liebesbeziehung – es gilt ebenso auch für Kinder, Eltern und alle anderen Menschen, mit denen dich eine enge Beziehung verbindet, die dir am Herzen liegen, wie du vielleicht sogar sagst.

Sie alle verkörpern gewisse Anteile von DIR, die du in ihnen nach außen gestellt hast. Du hast ihnen beispielsweise die Rolle deiner Eltern gegeben – deren tatsächliche Energie du dadurch erforschen wolltest. In Wahrheit, im Ursprung sind nämlich diese Energien IN DIR selbst.

Ihr habt euch auf ein gemeinsames Energiespiel eingelassen, um zu spüren, wie es ist, wenn Energie hin- und herbewegt wird ... wenn sie zunimmt und abnimmt ... und um in eure eigenen Tiefen der Gefühle hinabzusteigen. Ihr habt euch dadurch selbst besser kennen gelernt. Das Gefühl, wie es ist, die Haut eines anderen Menschen zu spüren ... ihn zu umarmen ... mit ihm Freude oder Trauer zu teilen ... ja, auch ihn zu hassen und ihm weh zu tun. Alle diese Gefühle hast du durch die Liebe und Bereitschaft deines Mitspielers an DIR empfinden können. Wichtig für dich waren hier immer nur deine eigenen Gefühle. Genauso wie für deine Mitspieler ihre eigenen wichtig und spürbar waren.

Wie kommt es, dass du nun immer wieder Partner, Mitspieler in deinem Leben hast, die das gleiche Spiel mit dir spielen? Dies kann vielleicht daran liegen, dass du mit dir spielen lässt, dass du dieses Spiel zu sehr gewohnt bist und diese Vision aus der Vergangenheit aufrecht erhältst, dass du dich selbst nicht liebst und dieses Gefühl, diese Energie von einem anderen Menschen aufgefüllt werden soll...

Es gibt viele Gründe, doch du selbst kannst nun dieses alte Spiel beenden, wenn es dir keinen Spaß mehr macht. Finde zuerst die Energie IN DIR – in deiner Göttlichkeit, die deine wahre Ergänzung ist. Bringe alle Anteile IN dir wieder zusammen und befreie deine Mitspieler aus ihren Rollen.

In der Neuen Energie ist es nicht mehr notwendig, Energie von anderen zu fordern oder wegzunehmen. Dadurch, dass du IN dir EINS wirst, verändern sich gleichzeitig auch alle Energien im außen. Wenn du in deiner eigenen vollständigen Energie stehst, gibt es die alten Spiele nicht mehr. Sie verschwinden nach und nach aus deinem Leben. Du begegnest anderen Menschen auf einer neuen Ebene, die nicht mehr auf der Energie des Brauchens gegründet ist. Ihr könnt eure Freude miteinander teilen, austauschen – ohne dass sie einem von euch fehlen würde. Ihr könnt Mitgefühl für den anderen haben – doch ihr könnt ihm seine eigene Wahl lassen und sie akzeptieren. Ihr könnt den anderen frei lassen, ihn gehen lassen, ohne ihn festhalten zu wollen. Ihr könnt euch so viel mehr geben, als dies bisher der Fall war. Und ... ihr könnt auch ohne den anderen vollkommen in eurer eigenen Kraft stehen. Es gibt keine Abhängigkeiten mehr.

Wahre Seelenpartnerschaft bedeutet ebenso Verwandtschaft, Gleichklang – ohne jegliche Forderung an den anderen. Ohne Enttäuschung, weil Erwartungen nicht erfüllt werden. Ohne den anderen verändern zu wollen. Es bedeutet vollkommenes Mitgefühl und gleichzeitig Akzeptanz für die Entscheidung des anderen, wirklich vollkommene Akzeptanz dessen, was er für sich wählt.

Auf dieser Basis lassen sich beide Energien miteinander vereinen und potenzieren. Hier entsteht eine Kraft, auf der jeder für sich selbst das Höchste in sich zum Ausdruck bringen kann. So wird in der Tat Neue Energie geschaffen. Sie ist wahrhaft göttlich und trägt ein äußerst kreatives Potenzial.

Nimm zuerst einen tiefen Atemzug ... und besuche deinen besten Freund – den Partner, der bereits tief IN DIR wohnt. Ihr habt euch unendlich lange nicht mehr gespürt und könnt nun die Wiedersehensfreude miteinander feiern und euch wieder vereinen. Integriere ihn von nun an in dein Leben, lass ihn wieder daran teilhaben. Gib ihm deine Liebe – deine Energie.

DU bist ein einmaliges göttliches Universum, in dem alles enthalten ist – du hast es nur vergessen. ALLES ist bereits IN DIR!

Die Imagination – ein wirksames Schöpferwerkzeug

„Wie kann ich in der Neuen Energie erschaffen? Wie bringe ich meine Träume in die Realität? Früher habe ich mit Affirmationen gearbeitet und mit Visualisierung. Doch ich habe gemerkt, dass das nicht mehr so gut funktioniert."

Du hast vielleicht die Erfahrung gemacht, dass diese Hilfsmittel wie Visualisierung und Affirmationen auch früher nicht den langfristigen Erfolg gebracht haben, den du dir gewünscht hattest. Denn im Grunde hast du damit eine Seite zugedeckt und dir nur die andere angeschaut. Dies kann auf Dauer nicht funktionieren, denn die verdrängten Anteile werden irgendwann ans Tageslicht kommen wollen.

Ein wesentliches Hindernis bei diesen Methoden ist außerdem, dass sie von deinem Verstand erzeugt werden. Dein Verstand kann dir wie in einem Mantra immer wieder vorbeten, dass du beispielsweise im Wohlstand lebst. Trotzdem wird es tief in dir ein Gefühl geben, das ganz und gar anderer Meinung ist. Du versuchst es dann zu verdrängen – doch das wird dir nicht wirklich gelingen. Wenn du es unterdrückst, wird es dir Situationen präsentieren, wodurch es sich nicht mehr verdrängen lässt.

Dein Verstand ist ein wunderbares Werkzeug, um Daten zu speichern. Er erfüllt in deiner Realität auf der Erde ganz spezielle Zwecke, für die er von dir geschaffen wurde. Doch für eine Veränderung deiner Realität braucht er einen wichtigen Mitspieler: dein Gefühl. Nur dein Gefühl kann tatsächlich in die Bereiche vordringen, in denen Schöpfung geschieht ... in denen Bewusstsein verändert wird. Dein

Verstand dient hier lediglich als Initiator. Er gibt dir vielleicht den Anstoß dazu, indem du zum Beispiel ein Buch liest. Dann kommt dein Gefühl ins Spiel ... und Veränderung kann auf tiefster Ebene geschehen, in deinem Bewusstsein.

Es gibt auch in der Neuen Energie wirkungsvolle Werkzeuge, um deinen Schöpfungen Leben zu geben – um sie real, wie du sagst, werden zu lassen. Es ist ... die Imagination.

Die Imagination ist etwas anderes als nur eine Vorstellung, nur ein Bild, das du dir über eine Sache machst. Sie ist ein wenig zu vergleichen mit dem Tagträumen. Doch sie ist noch viel mehr als das... Ich werde dir ein Beispiel geben:

Du liegst auf einer Wiese... Es ist warm und du fühlst das Gras unter dir ... riechst die Blumen um dich herum ... du spürst den warmen Wind auf deiner Haut ... siehst hoch über dir die Wolken ziehen ... Kirchenglocken läuten in der Ferne ... Bienen summen ihr Lied... Es ist Nachmittag und die Sonne steht hoch am Himmel ... du siehst sie durch die hellen, leise rauschenden Blätter einer Birke schimmern...

Oder: Du liegst am Strand ... du spürst den warmen Sand unter dir und die heiße Sonne auf deiner Haut ... die Wellen schlagen in einer leichten Brandung bis an deine Füße ... du spürst das kühle Salzwasser... Plötzlich hörst du Kinderlachen aus der Ferne...

Wo bist du gerade gewesen?

Diese Beispiele entführen dich in die Welt deiner eigenen Imagination, in die Welt des Erlebens – durch dein Gefühl. Es ist nicht nur ein Bild, was entsteht. Es ist ein ErLEBnis mit allen dazu gehörenden Aspekten. Du fühlst es genauso, als wäre es ... real.

In diesen Bereichen erschaffst du deine Realität und in diesen Bereichen kannst du sie jederzeit verändern – neu erschaffen. Du beginnst ganz einfach ein neues Schöpfer-Spiel und betrittst deine eigene Welt – sie heißt: was wäre wenn...

Du willst im Wohlstand leben? Dann schau es dir in deiner Welt an. Was wäre wenn ... es wahr ist? Lass deinen Verstand zuschauen und sag ihm, dass es ein wunderbares Spiel ist. Dann gehst du in das Gefühl, das du dabei hast... Du erfüllst dir deine Wünsche und fühlst, wie es wäre ... wenn du sie ERLEBST. Setze dir keinerlei Begrenzungen, denn in dieser Welt ist alles, wirklich alles grenzenlos! Alles ist möglich.

Gehe so weit, wie du kannst ... und dann...

ATME DEIN GEFÜHL – DEINE SCHÖPFUNG – EIN!

Du kannst jederzeit wieder an diesen Ort zurückkommen. Doch lasse deiner Schöpfung freien Lauf. Sage ihr nicht, wie sie zu dir kommen soll. Genieße einfach nur dieses Gefühl, das du im Moment hast ... und atme es vollständig in dich hinein. Damit gibst du ihm deine Lebensenergie – du erweckst es damit tatsächlich zum LEBEN! Deine Schöpfung wird zu dir kommen, wenn du sie ganz frei sein lässt – und wenn du sie in keiner Weise begrenzt.

Diese Reise in deine Schöpferwelt kannst du zu jeder Zeit erneut antreten. Alle erdenklichen Möglichkeiten stehen dir hier zur Verfügung. Es ist DEINE Welt – DEIN Spielplatz. Ein Spielplatz deiner unbegrenzten Potenziale. Sie stehen dir zur Verfügung, wann immer du sie wählst.

TEIL VI: AUS DEM LEBEN

Beratungsbotschaften von Gott zu Gott

An dieser Stelle möchte ich mich herzlich bei all meinen Klienten bedanken, die mir die Erlaubnis gaben, ihre Botschaften auszugsweise zu veröffentlichen!

Ich freue mich über jedes Dankschreiben, das mich erreicht – nicht nur von Klienten, sondern gerade auch von Menschen, die sich in anderen wiedererkannt haben. Daran erkenne ich immer wieder, wie hilfreich eine Antwort für viele Menschen sein kann und um wie viel leichter auch ihr Weg dadurch werden konnte.

Die eindrucksvollste Beratung mit einigen mysteriösen Erlebnissen – hier zu lesen unter dem Kapitel „Veränderung zu Freude und Leichtigkeit" – schrieb ich Anfang Januar 2007. Hier zeigt sich sehr anschaulich, was eine Veränderung des Bewusstseins auslösen und wie schnell Leichtigkeit im Leben sich verwirklichen kann.

Das sind auch für mich wahrhaftige Glücksmomente, die mein Leben inzwischen sehr bereichert haben.

Vielleicht erkennst auch DU, lieber Leser, dich in einem dieser Beispiele wieder.

Wie erschaffe ich in der Neuen Energie?

Ich kann das Gefühl gar nicht in Worte fassen, das ich beim Schreiben dieser Botschaft hatte. Nur so viel – es war ein gigantisches Erlebnis, dieser Ausflug in unendliche Weiten ... und hat sehr viel zu meinem Verständnis beigetragen, was ein erweitertes Bewusstsein wirklich heißt.

„... In der Neuen Energie brauchst du nur dein Bewusstsein auszuweiten und bekommst dadurch Zugriff auf alle deine Energien. Dieses erweiterte Bewusstsein wird dir nicht dein Verstand bringen, denn er kann es ganz einfach nicht. Es gehört nicht zu seinen Aufgaben, für die er – von dir übrigens – erschaffen wurde.

Eine kleine Übung wird dir helfen, dich mehr und mehr auszudehnen... Sie wird dich mitnehmen auf einen Ausflug in dein eigenes Universum. Wohin du willst – denn es gibt keine Grenzen. Außer ... du erschaffst sie dir selbst.

Nimm einen tiefen Atemzug ... verbinde dich mit mir ... deiner wahren Essenz ... und begebe dich mit deinem Bewusstsein – und auch deinem Blick – so weit du kannst ... zu einem Vogel ... in den Himmel ... bis zu den Sternen ins Weltall hinein.

Unterstütze diese Reise durch deinen Atem – er wird dich dabei in Balance und deinen Körper auch auf der Erde halten.

Fühle dich ... in dieser Weite ... sieh dich um ... und spüre tief IN DIR ... wer du in Wahrheit bist...

Es kann sein, dass du dich einsam fühlst, alleine, dass diese Gefühle dich erinnern an deine Trennung von Zuhause, vom Paradies.

Doch nun geschieht etwas sehr Schöpferisches – wenn du dich auf dieses kleine Experiment mit dir selber, mit deinem Bewusstsein, einlassen kannst.

Erlaube dir, zu fühlen, wer und was du bist – Gott! Du bist der Mittelpunkt in deiner Realität. Und DU ... dehnst nun deine Energie aus ... hinein in Alles-was-ist – in ALLES!

Ich bitte dich wiederum, es zu FÜHLEN ... zu atmen ... zu spüren, wie du dich allmählich dabei ganz und gar nicht mehr einsam fühlst, sondern als großartiger Schöpfer eine neue Verbindung schaffst – eine Verbindung in dir ... zu Allem-was-ist...

Spüre, wie alles von dir ausgeht ... wie alles von dir berührt wird... Dies alles bist DU! Nimm es in dich hinein ... ohne es zu benennen ... lass es einfach nur – ALLES *sein...*

Diese Übung kannst du so oft machen, wie du es magst. Es unterstützt dabei sozusagen die Entwicklung deiner energetischen Muskeln und wird dich leichter in deine eigene Energie bringen, in deine eigene Balance..."

„Um unsere Verbindung ein wenig greifbarer für dich zu machen – vor allem für deinem Verstand – gebe ich dir gerne ein Beispiel. Dies wird dir auch klarer machen, warum es in der Hauptsache auf DICH ankommt und erst dann auf mich...

Deine Verbindung zu mir ist vergleichbar mit einem Raum, in dem du stehst. Es darf ruhig ein großer sein, nimm dir den ganzen Welt-Raum, denn das trifft es am ehesten.

Der Raum ist da, du bist ein Teil davon. Es mag mit deinen Augen ziemlich klein aussehen, doch dies scheint nur so. In dir steckt mehr Schöpferkraft als in jedem Atomkern. Wusstest du das?

Das Weltall – also ich, dein Göttlicher Anteil – wird sich um keinen Zentimeter bewegen oder gar verändern ... wenn DU es nicht tust ... wenn DU nicht den Befehl dazu gibst. Doch es wird alles unterstützen, was DU in Gang setzt, was von DIR ausgeht!

Bist du dir der Tragweite dessen tatsächlich voll bewusst? Es ist mehr als gigantisch – es ist DEINE aktive Schöpferkraft!

Meine Aufgabe besteht darin, jede deiner Wahlen – absolut jede – zu unterstützen. Niemals werde ich etwas anderes tun, denn nur du hast die freie Wahl in diesem Experiment – der Verkörperung in der Materie.

Dies ist ein Geschenk von DIR an DICH – sei dir dessen einfach nur bewusst und genieße es mit großer Freude. Nichts weiter ist wichtig. Sobald du dies erkennst, wird alles andere ganz von selbst zu dir kommen – weil du es ausgesandt hast, weil du es erschaffen hast.“

Ursache und Wirkung – Karma – Wie kann ich helfen?

Auf die Frage, was das Göttliche Selbst mitzuteilen hat, kam folgende Antwort. Mir war nicht bekannt, dass die unbewusste Frage zum Karma mitenthalten war.

„Das was dir als Karma bekannt ist, gibt es nicht mehr für dich. Ganz einfach weil du es so für dich gewählt hast. Dies betrifft allerdings noch längst nicht alle Menschen. Solange sie in diesem Glaubensmuster von ‚Ursache und Wirkung über mehrere Leben' gefangen sind, werden sie dieses Spiel weiterspielen. Und ... niemand kann es für sie auflösen. Erst wenn sie selber bereit dazu sind und damit ihre Seele, erst dann ist das auch für sie möglich.

Bedenke dies bitte, wenn du mit Menschen arbeitest. Versuche nicht, ihr Spiel zu beenden, wenn sie sich selbst dazu noch nicht entschieden haben. Es könnte sonst sehr leicht sein, dass du dadurch in ihr Spiel hineingezogen wirst und ihre Erfahrungen machst... Mitfühlende Akzeptanz bedeutet, die Wahl anderer Menschen in voller Konsequenz zu akzeptieren und sie für ihre einzigartigen Erfahrungen zu ehren. Auch wenn es nicht mit dem übereinstimmt, was du gerade für sie am liebsten hättest.

Ja, es gibt noch das Gesetz von Ursache und Wirkung. Es gehört zum Spiel in der dualen Realität. du bist jedoch schon weit darüber hinausgegangen und bist dabei, die Neue Energie vollständig zu integrieren.

Was jedoch nicht heißt, dass dir das Spielen in der Alten Energie nicht immer noch ab und zu Spaß macht. Genieße es, wenn du es tust, und mach es dir dabei bewusst. Dann werde ich es einfach mit dir zusammen genießen...

Du hast schon vielen Menschen auf den Weg in die Neue Energie geholfen. Das ist wunderbar, und du hast auch dir – uns, Gott – damit neue und einzigartige Erlebnisse beschert. Das Wort HELFEN *ist in der Neuen Energie nicht mehr nötig. Es wird ersetzt durch das Wort* LEBEN *– vor-leben! Niemand braucht tatsächlich Hilfe, dies ist eine der großen Illusionen der Dualität und hängt damit zusammen, dass jeder meint, einen anderen zu* BRAUCHEN *... oder nicht vollständig zu sein.*

In der Neuen Energie gibt es dieses Brauchen *nicht mehr, denn jeder, der sich dafür entscheidet, findet in seine vollständige Energie zurück. Wenn du dies für dich ganz und gar fühlen kannst, es verinnerlichst – bist du der perfekteste Lehrer der Neuen Energie für alle, die mit dir in Berührung kommen. Alles andere entsteht in Leichtigkeit daraus – aus dieser Energie, die in sich selbst vollkommen ist.*

Atme gemeinsam mit mir – noch öfter als jetzt – und dieses Bewusstsein wird sich in dir verstärken. Du wirst dich noch mehr, ja immer, EINS mit mir fühlen. Jegliches Gefühl, etwas oder jemanden zu brauchen, *wird sich auflösen. Und dann wirst du staunen, wie viele Menschen du in dein Leben ziehen wirst, die dieses Eins-In-DIR-Sein spüren. Die sich von dir angezogen fühlen, weil sie auch dorthin kommen wollen.*

Dann wird kein Wort aus dem Verstand von dir nötig sein, keine Erklärung, wie sie es schaffen können. SEI einfach die, die du bist – zusammen mit mir, deiner Göttlichkeit. Sei authentisch und hör ihnen zu. Achte einfach auf die Impulse, die dir aus dem Herzen kommen.

Sie werden dich perfekt führen und genau die passenden Worte formulieren.

Dies ist kein Heilen mehr – und auch kein Helfen. Es ist etwas Neues, das der Verstand sicher noch nicht ganz einordnen kann. Dafür gibt es einfach noch keine Worte. Doch du kannst fühlen, was ich meine, tief in deinem Herzen, wo ICH BIN.

Wenn du dich wahrhaftig für die Neue Energie entscheidest – und diese Wahl tief in dich einatmest – dann verlässt du in gewissem Sinne die Dualität. Gib deinem Körper, deinem gesamten System, etwas Zeit, dies zu integrieren. Er leistet Schwerstarbeit, das weißt du. Gib ihm ganz einfach immer wieder ein klares JA zum Leben, zusammen mit deinem Atem, damit erleichterst du ihm diesen Prozess und dies wird dir vieles spürbar erleichtern.

Ich freue mich auf unseren gemeinsamen Weg in die Neue Energie, den wir gerade erschaffen. Diese Erfahrung ist etwas Wunderbares und sie ist tatsächlich so neu, dass viele Wesen in großer Freude und auch mit Neugierde alles beobachten, was daraus hervorgeht. In gewisser Weise bist du – und viele andere, die sich dafür entschieden haben – eine Truppe von Schauspielern für sie, die gerade eine neue Bühne erschaffen. Sie sitzen in einem großen freien Theater und freuen sich ... und klatschen unentwegt Beifall.

Lass weiter alles fließen und setzte deine Impulse dann in ganz klare Wahlen um – ohne das Ergebnis zu begrenzen! Damit erschaffst du das Potenzial, das Material, mit dem alle Energien um dich herum – auch ich – die Neue Realität zu dir bringen. Ganz egal, um was es sich handelt. Spiele und experimentiere einfach damit und ändere deine Wahl, wenn es dir nicht gefällt. Es gibt nichts, was dir – uns – nicht möglich wäre!“

Entscheidung für die alte oder die Neue Energie

Alles ist aus der Kontrolle geraten. Ich probiere alles Mögliche, aber nichts funktioniert mehr so, wie ich es gewohnt bin. Was mache ich da falsch? Und wie kann ich meinen Körper unterstützen?

„... Es ist ganz gewiss nicht die leichteste Zeit in deinem menschlichen Leben, und dies wusstest du auch, als du dein Einverständnis

zu diesen Veränderungen gegeben hast.

Dir geht es gerade so, wie es vielen geht, die auf einem Scheideweg ihres Lebens stehen. Sie sind sich nicht sicher, ob sie diesen Weg nun weitergehen wollen, den sie begonnen haben – den Weg in die Neue Energie – oder ob sie lieber den langsameren Weg wählen, weil ihnen die Methoden der alten Energie vertrauter sind.

Diese Entscheidung trifft nun jeder für sich selbst, und es ist eine Entscheidung, die sehr viel bedeutet. Es bedeutet nämlich, sich auf etwas Neues einzulassen, das so neu ist, dass es selbst die Engel noch nicht kennen. Das jeden Tag eine Überraschung bereit halten kann. Doch es bedeutet vor allem, sich voll und ganz für EINEN Weg zu entscheiden.

Du weißt bereits aus anderen Quellen, dass die Entscheidung für die Neue Energie bedeutet, zu akzeptieren, dass die alten Wege nicht mehr wirksam sind. Es heißt unter Umständen auch, dass es sogar sehr weh tun kann, dann immer noch an den alten Methoden zu hängen und sie weiterhin als Werkzeug zu benutzen.

So ähnlich geht es auch dir. Du versuchst immer noch mit dem, was du kennst, was du weißt, was du früher ausprobiert hast, zu ganz bestimmten Resultaten zu kommen. Das kann so nicht funktionieren. Du weißt das auch – und wunderst dich dann, warum es nicht geht.

Atme doch einmal – und immer wieder – tief ein und komm ganz und gar ins JETZT, in diesen Göttlichen Augenblick. Dort, wo du auch mich immer und zu jeder Zeit am besten finden kannst. Und dann vergiss doch einfach alles, was du weißt. Alles, was du kennst. Alles, was du gelesen hast. Alles, was du bisher ausprobiert hast. Das, was du suchst, ist dort nicht mehr zu finden. Es ist woanders – und nur im Göttlichen Moment wirst du es finden. Doch auch nur dann, wenn du nicht mehr danach suchst. Wenn du einfach BIST – und alles zu dir kommen lässt, was schon als Potenzial von dir erschaffen wurde und auf dich wartet.

Und ... sei endlich authentisch! Du bist nicht dein Körper, auch wenn er tatsächlich ein wichtiges Werkzeug für dich ist und auch ein Partner in diesem menschlichen Spiel. Du bist viel mehr als das. Du bist ALLES – du bist GOTT! Das vergisst du immer wieder. Und das ist sogar völlig in Ordnung. Ich erinnere dich einfach wieder daran...

Beobachte einmal deine Gedanken, dein Bewusstsein – vor allem deine Glaubenssätze. Du machst dir immer noch allzu oft die

Glaubenssätze von anderen zu deinen eigenen. All dies ist nicht wichtig für deine Realität, für dich. Du erschaffst dir – genau wie jeder andere Mensch – deine ganz eigene Erlebniswelt. Vor allem durch deine Glaubenssätze, die du dir ähnlich wie eine Matrix vorstellen kannst.

Wenn du diese Glaubenssätze nun entfernst, beginnst du dich vom Feld zu lösen. Du entfernst nach und nach alles, woran du geglaubt hast. Ist dir wirklich ganz und gar bewusst, was das tatsächlich heißt? Ja – das fühlt sich schon manchmal ziemlich ungemütlich an. Das bringt Freiheit – auch in deiner Realität – erst einmal mit sich. Du verlierst die Orientierung, denn es ist nichts mehr da, woran du dich orientieren kannst. Doch genau dadurch kommst du an deine eigene Energie – an deine wahre Essenz. An deine Authentizität ... an ALLES, was du wirklich bist. Verstehst du, was ich meine – mit dem Herzen?

Dein größtes Hindernis ist dein menschliches WOLLEN. Alles wird wesentlich leichter für dich sein, wenn du beginnst, deinem Göttlichen Willen in dir zu vertrauen und aus der Verbindung mit mir deine Entscheidungen zu treffen. Dann können völlig neue Möglichkeiten den Weg zu dir finden, die du jetzt noch gar nicht wahrnehmen kannst, weil du dich ganz woanders aufhältst.

Es ist wunderbar, dass du außer Kontrolle bist, wie du sagst. Es ist ein wundervoller Weg, um ganz zu dir selbst zu kommen. Aus diesem Chaos findet sogar dein Verstand in eine neue Ordnung – wenn du es nur zulassen kannst.

Deine Entscheidung im Moment ist vor allem eine: Wählst du den Weg der Neuen oder der alten Energie? Alles ist richtig – jede Wahl steht dir vollkommen offen.

Doch mit dieser Wahl – zur Neuen Energie – akzeptierst du auch die damit verbundenen Gesetzmäßigkeiten. Die Neue Energie heißt erlauben ... akzeptieren ... aufhören zu kämpfen ... im Jetzt sein und die Dinge zu dir kommen zu lassen ... jegliche Erwartungen aufzugeben ... dich für die Leichtigkeit zu entscheiden.

Gib dir selber die nötige Zeit – vor allem deinem Körper. Dies unterschätzt du immer noch viel zu sehr, denn er muss mit all deinen Veränderungen Schritt halten. Dafür braucht er dein Verständnis und vor allem Zeit – und Ruhe. So kommt er am leichtesten wieder in seine Balance.

Atme tief ein – vergiss dies nicht, denn es ist dein wichtigstes

Werkzeug im Moment. Nicht nur für deinen Körper, denn dein bewusstes Atmen ist gleichzeitig auch eine Entscheidung FÜR DAS LEBEN!

Bleibe in DEINER Realität und sei authentisch! Achte die Entscheidungen, die andere für ihre Realität treffen, aber mach sie nicht zu deiner eigenen. Nicht alle Menschen wählen, in ihrem Körper hier auf der Erde in die Neue Energie zu gehen. DU kannst für DICH deine eigene Wahl treffen!

Dies sagt dir heute deine Göttlichkeit, die all deine Entscheidungen ehrt – und EINS ist mit ALLEM was DU bist!"

Geistige Gesetze und Heilung in der Neuen Energie

Wie kann ich anderen Menschen zur Heilung verhelfen? Wie funktioniert das in der Neuen Energie? Wie wirken hier die geistigen Gesetze?

„Viele Leben hast du hier verbracht, immer auf deinen eigenen Wunsch übrigens, um herauszufinden, was dir in der Begrenzung möglich ist. Dazu gehörte auch das Kämpfen, das Bemühen Situationen zu verändern oder über dich selbst – wie du meinst – hinauszuwachsen. Doch weißt du, im Grunde brauchst du nicht zu kämpfen. Alles geht auch ohne Mühe, vor allem wenn du die Neue Energie mit ihren Möglichkeiten anerkennst, sie hereinlässt in deine Realität.

Sie bringt eine Menge Erleichterungen mit sich, die du dir einfach nur zu erlauben brauchst. Sie funktioniert jedoch völlig anders, als du es in dieser festen Realität bisher gewohnt bist. So richtig verstehen wirst du es, wenn du dich darauf einlässt und mit den gewohnten Dingen ein wenig anders umgehst, damit spielerisch experimentierst.

Nun, alle deine Fragen hängen gewissermaßen mit dem Einzug der Neuen Energie in dein Leben zusammen. Du weißt bereits in deinem Innern – und spürst dies auch sehr deutlich – dass die alten Methoden nicht mehr funktionieren. Gerade für Menschen, die ihr Bewusstsein ausdehnen, deren Schleier langsam dünner und dünner wird, ist die Neue Energie dadurch immer mehr präsent und wirksam.

Dies hat viele Veränderungen zur Folge. Die wichtigste dabei ist die Leichtigkeit und das Erlauben – und nicht mehr das Bemühen und Wollen.

Heilen ist ebenfalls ein Begriff der alten Energie. In Wahrheit gibt es keine Heilung, denn das würde voraussetzen, dass es Menschen gibt, die nicht vollkommen sind, dass ihnen etwas fehlt.

Weißt du, es gibt immer einen Grund, warum ein Mensch eine bestimmte Erfahrung wählt. Dies hat er – meistens jedenfalls – vor seiner Ankunft in einem Körper so entschieden, um etwas ganz Bestimmtes dadurch zu erfahren. Es gibt viele Menschen, denen du niemals helfen könntest, ganz einfach, weil sie es nicht wollen – und darum auch nicht erlauben würden. Ihre Seele muss selbst diese Entscheidung treffen, wieder in Balance zu kommen.

Bitte beachte darum immer, dass HELFEN, *wie es die meisten Menschen verstehen, keine wirkliche Hilfe ist. Du würdest in den freien Willen eines Schöpfers eingreifen, der das Recht hat, selbst zu wählen und zu wachsen durch eigene Erfahrungen.*

Du weißt bereits IN DIR, wie das, was du Heilen nennst, in der Neuen Energie funktioniert, doch dein Verstand möchte dafür eine Anleitung haben, um nichts falsch zu machen.

Du kannst überhaupt nichts falsch machen, weil dieser Begriff in Wahrheit nicht existiert. Er gehört – genau wie der Begriff richtig – einfach nur zum Spiel dazu, diesem Spiel der Begrenztheit auf der Erde. Alles, was du jemals getan hast oder in deinem Bewusstsein hattest, war unendlich kostbar. Es war eine Erfahrung, die du dir – Gott – ja, Allem-Was-Ist schenkst. Bitte nehme dies tief in dein Herz hinein und vergesse es niemals.

Du bist in der Tat ein großartiger Schöpfer. Ohne dich wäre mir vieles nicht möglich, denn ich kann nur das energetisch unterstützen, was DU entscheidest, was du erschaffst.

Dazu gehört auch, dass du dir bewusst bist, dass – auch in dir – nicht nur die von dir erwünschte Energie existiert. Zu diesem Illusionsspiel auf der Erde gehört genauso die andere – die unerwünschte – Energie dazu. Kannst du dir nun vorstellen, wie es ist, wenn eine Energie immer abgelehnt wird? Was meinst du?

Sie wird sich immer stärker zu Wort melden, wird auf sich aufmerksam machen. Das kann sie über den Körper tun, doch auch auf anderen Wegen. Bitte mache dir bewusst, dass diese Energie nichts ande-

res will, als anerkannt zu werden – als Teil von DIR. Sie will ebenso integriert werden wie das, was du als Licht bezeichnest, als erwünschte Energie.

Um in deine vollständige Schöpferkraft zu kommen, ist es wichtig, beide Teile IN DIR zu vereinen, zu integrieren und ... dir dies auch zu erlauben! Keine Angst, es wird nichts passieren – sie werden sich einfach nur in Freude wieder zusammentun und zu einer neuen Kraft heranwachsen.

Wie erschaffst du nun in der Neuen Energie?

Erst einmal indem du eine Wahl triffst, was du wirklich – und dies ist sehr wichtig für DICH wählst. Jeder Mensch ist nur für sich selbst verantwortlich ... und zuständig. Du kannst dies also nur für dich selbst tun.

Und dann ... geh in dein Gefühl. Fühle das, was du erschaffen willst, so als hättest du es bereits. Rieche es ... schmecke es ... höre es ... sehe es ... fühle es. Wenn du ganz und gar in diesem Gefühl bist – dann atme es einfach ein.

Geistige Gesetze – das sind einfach nur deine Glaubensüberzeugungen. Die meisten davon stammen übrigens nicht einmal von dir selbst, sondern du hast sie einfach übernommen, ohne sie zu hinterfragen. Diese geistigen Gesetze kannst du jederzeit ändern, wirklich zu deinen machen. Mach dir einfach nur bewusst, was davon tatsächlich deine eigenen sind und was nicht. Und ... vertraue dir und deinem Gefühl!"

Die Veränderungen des Körpers

Ich bekam die Frage, warum der Körper seit einiger Zeit messbar größer wird und warum er auch sonst anders reagiert. Es ging hier auch darum, ihn regelmäßig zu trainieren oder unerwünschte Merkmale zu verändern.

„Du hast einen Code in dir geknackt, einfach durch klare Entscheidungen. Doch es ist nicht alles so, wie du es meinst.

Du bist nicht dein Körper – damit wollte ich dir einfach nur sagen, dass du ihn als ein wichtiges Werkzeug betrachten kannst, doch dass noch viel mehr dahinter steht. Sieh ihn einfach wie ein Auto, das du fährst. Du wirst bestimmt nicht behaupten, dass DU dann dieses Auto bist, oder? Genau ... so meinte ich es.

Jedes Werkzeug, auch ein Auto, kann hin und wieder einmal Schrammen und Beulen bekommen. So ist es natürlich auch mit deinem Körper. Obwohl – dein Körper ist im Vergleich dazu ein sehr formbares, williges Werkzeug. Er reagiert unmittelbar auf dein Bewusstsein. Du hast dich in dieser Realität so mit ihm verbunden, dass jede kleinste Zelle von ihm mit deinem Bewusstsein gefüllt ist. Und ... auch er hat seine eigene Matrix. Würdest du ihm diese entziehen, könnte er in dieser Form nicht mehr weiter existieren.

Wie bist du nun in deine – neue – Energie gekommen? Ganz einfach: weil du es so entschieden hast. Mehr war dafür nicht nötig. Dieses Potenzial hat bereits seit einiger Zeit in dir geschlummert und nur auf diesen zündenden Funken von dir gewartet.

Dass du vorher so irritiert warst, lag an der Leere, die sehr wichtig für diesen Prozess war. Es ist auch weiterhin wichtig, dass du all das, was ANDERE *glauben, erleben, denken, nicht mehr für dich als gültig betrachtest. Es führt dich sonst nur weg von dir und deinem wahren Potenzial.*

Was meinst du, warum dein Körper sich sogar für andere sichtbar verändert, warum er größer wird? Zum einen ist dies so, weil deine Energie sich ausdehnt, weil sie buchstäblich wächst ... und dies dein Körper registriert.

Doch es ist auch dafür da, weil du ein Lehrer der Neuen Energie bist. Weil du anderen dadurch etwas zeigst, was für sie in ihrem Bewusstsein nicht möglich ist. Damit öffnest du sie für neue Möglichkeiten, für eine Veränderung ihrer Glaubensvorstellungen.

Bewusste Veränderungen deines Körpers, die du versuchst, mit dem Verstand zu steuern, werden so nicht funktionieren. Solange du die Aufmerksamkeit und somit dein Bewusstsein auf etwas richtest, das du NICHT willst, wirst du es höchstens noch vermehren! Erst wenn es dir gelingt, es als unwichtig anzusehen, dann kann es von ganz alleine gehen. Verstehst du, was ich dir damit sagen will?

Die Neue Energie wirst du niemals kontrollieren können. Es gibt in der Neuen Energie auch nichts zu erreichen, also wofür sollte Kontrolle nützen? Es gibt ebenso auch nichts, das unspirituell *ist. ALLES ist spirituell, denn alles ist Gott und von diesem Geist durchdrungen.*

Also kannst du die Illusion der Realität als dein Spielfeld ansehen, auf dem du nach Herzenslust experimentieren kannst. Ja, dafür bist du sogar da hineingegangen – hauptsächlich aus diesem Grund. Du wolltest herausfinden, was dir in dieser angeblichen Begrenzung möglich ist. Du bist gerade dabei, es zu entdecken – doch das ist erst der Anfang!

Wünschen ohne zu wollen oder zu brauchen – und dies zu imaginieren, das ist ein Spiel der Neuen Energie. Alles was du vermeintlich noch brauchst, *wird dir immer das Bewusstsein von Mangel zeigen. Denn sonst würdest du es nicht brauchen.*

Das Bewusstsein, dass alles bereits DA ist und du es nur in dein Bewusstsein – und somit in dein Spielfeld – holen musst, das ist aktivierte Schöpferkraft der Neuen Energie.

Um dir ein Beispiel zu geben:

Du hast etwas in deinem Schrank liegen, über das du jetzt gerade verfügen willst. Doch du hast vergessen, dass es dort liegt – dass du selbst es sogar dort hingelegt hast. Solange du das Gefühl hast, es zu brauchen, dass es dir also fehlt, wirst du nicht auf die Idee kommen, dort nachzusehen – in deinem eigenen Schrank.

Doch wenn du das Bewusstsein hast, es bereits zu haben, dann schaust du direkt in deinen Schrank und nimmst es dir. So einfach ist es. Und nur aus deiner eingeschränkten Sichtweise heraus, die du als Mensch hast, kannst du es nicht sehen. Du hast nicht nur vergessen, in welchen Schrank du es gelegt hast – sondern auch noch, wo dieser Schrank überhaupt steht.

Nun genieße deine Freude über deine neue Schöpfung! Es ist wahrlich das Gefühl der Neuen Energie, das du in die Welt bringst und es wird weiter wachsen.

Ich genieße es mit dir – in der Verbindung mit Allem was DU bist!

Deine Göttlichkeit – in großer Freude IN DIR.“

Leben in der Neuen Energie

Ich bekam folgende Frage eines Klienten: „Du kennst meine Bedürfnisse, meinen Weg und mein Streben. Kann ich DICH erst finden, wenn ich aufhöre zu suchen? Bin ich erst dann in meiner Fülle, wenn ich voll von DIR bin? Was kann ich tun, damit das, was DU DIR für mich/uns wünschst, in Erfüllung geht?“

„Mein geliebter Freund, ich freue mich, dich auf diese Weise etwas deutlicher erreichen zu können, als dies bisher der Fall war. Um mit deinen Worten zu antworten – du bist bereits voll von mir, wie du es nennst, nur nimmst du es noch nicht so deutlich wahr. Es ist allein dein Empfinden, das du nur ein wenig umzustellen brauchst auf eine andere Frequenz. Dein Blickwinkel ist noch allzu oft darauf gerichtet, was dir noch fehlt zu deinem Glück. Dabei ist die Fülle bereits in dir.

Alles um dich herum, alles, was du erlebst, ist ganz allein dein – ja unser – Werk. Dein Bewusstsein hat es erschaffen. Auch wenn es dir nicht immer so klar ist, wie du das letztendlich vollbracht hast. Doch es ist tatsächlich dein Werk, deine Realität, die du erlebst.

Weißt du, niemand anderer kann die Welt genau so sehen wie du. Dies bitte ich dich bei allem, was du tust, zu bedenken. Es ist im Grunde sehr einfach, doch für Gott in menschlicher Form nicht immer zu verstehen. Das kommt daher, dass du vieles vergessen hast – vergessen wolltest von dem, was du tatsächlich bist. Sonst könntest du dieses Spiel hier auf der Erde nicht so spielen, wie du es dir gewünscht und vorgenommen hattest. Es würde dir nicht den Umfang an Erfahrungen bringen, die du machen wolltest. Doch dafür bist du hierher gekommen in dieses Gefühl der Begrenzung. Und ich möchte dich heute wieder daran erinnern.

Nichts ist so, wie es aus deiner Sicht scheinen mag und alles ist in ständiger Veränderung. Der Moment im Jetzt, der Göttliche Augenblick, auch der deines Atemzugs, ist das Einzige, was wirklich zählt und wichtig ist – wo alles entsteht. Alles was außerhalb dieses Moments existiert, ist nur ein Gedanke, eine Vorstellung, ein Gefühl eines einzelnen menschlichen Bewusstseins. Für mich existiert dies alles nicht so real wie für dich. Darauf werde ich noch genauer eingehen.

Das ganze Universum erfährt gerade so etwas wie eine Neugeburt. Die Geburt in die Neue Energie. Und das betrifft auch Alles-Was-Ist – Gott. Eine neue Struktur der Wirklichkeit, so wie du sie empfindest, ist damit verbunden. Das heißt, dass für Menschen, die beginnen sich an ihre wahre Herkunft zu erinnern, viel mehr Möglichkeiten – Potenziale – in der Begrenzung vorhanden sind als jemals zuvor. Das betrifft auch dich.

Dir wird gerade wieder bewusst, was du in Wahrheit bist. Und das bringt ein wenig deinen Verstand durcheinander. Er hatte die Aufgabe dir zu helfen, dich in dieser dualen Realität zurechtzufinden, dich darin orientieren zu können. Keine Angst, du wirst ihn nicht verlieren. Er bekommt einfach nur neue Aufgaben.

Dein Verstand wird allerdings dein Erwachen zu einem Göttlichen Schöpferwesen im Menschenkleid sehr genau überwachen. Das kann für dich manchmal etwas lästig und hinderlich sein. Doch wenn du dir selbst dieses neue Bewusstsein erlaubst, wird dies auch dein Verstand akzeptieren. Sollte er allzu sehr vor dir stehen und den Wächter spielen, mache ihm unmissverständlich klar, dass er dein Diener ist – nicht dein Herr! Er wird genau verstehen, was du meinst. Vergiss dabei nicht, ihm von Herzen zu danken für den treuen Dienst, den er dir in deinem bisherigen Lebensspiel geleistet hat und auch noch leisten wird. Er ist ein von dir geschaffenes Wesen.

Dein innerstes Seelenbedürfnis ist, in diesem Leben trotz der Begrenzung, die du erfährst, zu erkennen, was dir möglich ist, wer du in Wahrheit bist – Gott. Du wolltest dabei sein in einer Zeit, wo dies in einem menschlichen Körper möglich ist.

Dieses Erwachen, die Erkenntnis und das Herausfinden deiner unbegrenzten Möglichkeiten kannst du in deiner Zeitrealität nur Schritt für Schritt erfahren. Es würde sonst deinen Körper und dein gesamtes System vollkommen überfordern. Darum wirst du zuerst in deinen Träumen darauf vorbereitet und machst dort große Fortschritte. Ganz einfach deshalb, weil dein Verstand dann schläft und dich somit nicht stören kann.

Im Traum lernst du, wie Realität wirklich funktioniert und wie du sie mit deinen Glaubensvorstellungen erschaffen hast. Nichts von dem, was du jemals erlebt hast, ist falsch oder richtig. Wirklich nichts. Alles hat dir dazu gedient, an den Punkt zu kommen, an dem du jetzt bist. Und dafür erfährst du eine unvorstellbare Achtung und Ehre von all den Engelwesen jenseits des Schleiers, die sich nicht in dieser dualen Realität befinden, die nicht den Mut hatten, dieses Wagnis einzugehen. Das Wagnis, sich selbst zu vergessen.

Diese Wesen beneiden dich um all das, was du in einem Körper erfahren kannst. Sie wissen nicht, wie Blumen riechen, wie Essen schmeckt, wie sich eine Berührung auf der Haut anfühlt. All das ist ein unermessliches Geschenk, das du dir selbst gemacht hast. Es ist die Fülle pur. Es ist ... auch ein Geschenk an Gott, an Alles-Was-Ist ... und an Alles-Was-Du-Bist!

Deine Erfahrung, alles was du erlebst, wird gleichzeitig von Allem-Was-Ist registriert und aufgenommen. Für jedes Wesen ist abrufbar, was du in deinem Bewusstsein hast. So entstehen Synchronizitäten, Fügungen und Erlebnisse, über die du dich – als Mensch – wunderst. Doch in Wirklichkeit sind sie kein Wunder, sie geschehen durch sich selbst. Und so entsteht für jeden Menschen seine eigene Realität.

Wenn du nun deine Realität sehr aufmerksam beobachtest, wirst du merken, dass du noch allzu oft in die Realität anderer Menschen einsteigst. Es ist wichtig für dich, dass dir bewusst wird, dass du dann nicht DEIN Leben lebst, sondern zu einem großen Teil das der anderen.

Ich möchte dir gerne ein Beispiel nennen. Wenn ein Mensch für sich – in seiner Realität – herausfindet, dass eine bestimmte Nahrung ihm gut tut, dann betrifft das nur ihn allein. Er hat es in erster Linie für sich selbst entdeckt. Alle anderen Menschen, die in diese Realität – in diese Glaubensstruktur – mit einsteigen, leben die Realität dieses Menschen mit, ohne vorher mit ihrem Körper Kontakt aufzunehmen.

Kannst du dir vorstellen, dass jeder Körper seine eigene Intelligenz besitzt und auch sein eigenes Programm sozusagen? Nichts ist deshalb von einem Körper vollkommen auf einen anderen zu übertragen.

Darum habe ich heute eine Bitte an dich: Beziehe deinen Körper in deine Entscheidungen über ihn mit ein. Frage ihn, was er gerade braucht, was ihm am besten hilft, mit deiner Entwicklung Schritt zu halten. Das kann von Zeit zu Zeit unterschiedlich sein. Wenn du auf seine Signale achtest, wirst du sie verstehen.

Er muss gerade Höchstleistungen vollbringen und braucht dafür dein Verständnis. Gib ihm die Ruhe, nach der er manchmal verlangt. Vor allem ... gib ihm ein klares JA zum Leben. Das bekommt er am besten, wenn du so oft es geht in ein bewusstes tiefes Atmen gehst.

Dort steckt deine Lebenskraft und das beachtest du noch nicht genug. Auf diese Weise findet auch dein Bewusstsein immer wieder in eine neue Balance.

Was du dort außerdem am leichtesten findest, überall und zu jeder Zeit, ist die Verbindung mit mir. In deinem Atem kannst du mich spüren. Du brauchst es dir nur bewusst zu machen. Es ist wirklich so einfach. Mehr brauchst du dafür nicht. Keine Technik der Welt bringt dich näher zu mir als dein Atem.

Bis heute ist dein Suchen immer nur eine Suche nach dem, was du bist. Das kannst du niemals außerhalb von dir selbst finden. Denn es ist bereits in dir. Das Äußere ist nur die Erscheinungswelt deines eigenen Inneren. Auch wenn es dir nicht immer so gefällt, du selbst hast es dir so erschaffen, wie es sich dir zeigt.

Wie kannst du es nun bewusst verändern?

Mache dir als erstes bewusst, was du für dich als Wahrheit anerkennst und übernehme dafür die volle Verantwortung. Ich möchte es dir gerne an einem Beispiel zeigen.

Imaginiere dich einmal in einen leeren runden Raum, in eine Kugel. In diesem Raum ist nichts – außer dir selbst... Dies bist du – zu dem Zeitpunkt, als du in deinem menschlichen Körper in diese duale Realität kamst. Du hast die Entscheidung getroffen, deine wahre Herkunft zu vergessen, um ein neues Spiel beginnen zu können.

Immer wieder öffnen sich verschiedene Türen in diesem Raum. Du merkst, du bist nicht allein und ein Energiespiel beginnt. Du bekommst Energien und gibst sie auch hinaus. Du gehst aus verschiedenen Türen hinaus, auf verschiedene Wege und damit in verschiedene andere Realitäten. Alle diese Energien nimmst du mit in dein Haus hinein, und sie formen nach und nach deine eigene Realität.

Du vergisst immer mehr von dem, was du tatsächlich bist und hast dir inzwischen eine neue Welt gebaut. Doch diese Welt ist nicht die deine. Sie setzt sich zusammen aus Gefühlen, Erfahrungen und dem Glauben anderer Menschen – ja, sogar aus den Schöpfungen von ihnen. Verstehst du, was ich dir damit sagen will?

Mit deinem Bewusstsein als Gott, der du in Wahrheit bist, ist es dir möglich, dieses Spiel zu erkennen und ein neues zu beginnen – doch jetzt ist es DEIN eigenes Spiel. Du selbst bestimmst, was für dich gültig ist und was nicht.

Ich weiß, dass dein Bewusstsein dies erst einmal richtig integrieren möchte. Lass dir Zeit damit. Dafür reicht allein deine Entscheidung, und alles wird sich in Leichtigkeit von allein finden.

Dies ist jetzt übrigens – mit dem Einzug der Neuen Energie – eines der wichtigsten Werkzeuge, die du hast: Deine klare Entscheidung für das, was du wirklich willst. Du hast die Wahl, nicht ich.

Du bist der wahre Schöpfer von uns, denn du machst mit deinen Entscheidungen die Pläne. Ich werde jede Wahl von dir unterstützen, ganz gleich, wie sie aussehen mag. Viele Energien, Engelwesen warten ebenfalls nur auf klare Entscheidungen von dir, um deine ausgesandten Potenziale zu dir zurückzubringen.

Noch etwas möchte ich dir auf den Weg in die Neue Energie mitgeben:

Gib deinen Kampf auf. Gib dein Suchen auf. Gib deine Kontrolle auf. Dies alles sind Werkzeuge der alten Energie und du wirst die Erfahrung machen, dass du sie nicht mehr anwenden kannst. Wenn du es dennoch versuchst, dann machst du es dir nur unnötig schwer. Manchmal so schwer, dass du daran verzweifeln könntest.

Dabei ist alles ganz einfach: Lass dich ins Vertrauen fallen – ins Vertrauen zu dir selbst, zu Allem-was-du-bist. Lass endlich die Leichtigkeit in dein Leben kommen, dann kannst du deine eigenen kleinen Wunder erleben...

Mit Kontrolle hältst du Energien fest, anstatt sie freizugeben. Jedoch nur wenn sie frei sind, können sie dir alle Potenziale, eine Fülle an Möglichkeiten, bringen...

Wenn du suchst, bist du außerhalb von dir selbst. Dann bist du vielleicht gerade dann nicht zu Hause, wenn deine Potenziale mit neuen Möglichkeiten zu dir zurückkehren...

Darum ... sei einfach nur im Jetzt, im Göttlichen Augenblick, mit mir – in deinem Atem. Alles andere ist nicht wichtig, denn nur dort ist dein Zentrum und das, was du wirklich bist!

Mein Wunsch für uns beide – und auch der deiner Seele – ist einzig und allein, dass du Freude hast an diesem Spiel, dem Menschsein auf Erden. Dass du es wirklich in jedem Moment genießt – mit allem, was dazu gehört. Dass du DEIN Leben lebst und nicht das der anderen. Und dass du dir dies auch erlaubst.

Fühle IN DIR, was DU wirklich willst und entscheide dich ganz allein für DICH und DEIN Glück auf dieser Erde. Nur dafür bist du wirklich verantwortlich, nicht für die Realität anderer. Sie haben das gleiche Recht zur Entscheidung ihrer Realität wie du, und du kennst nicht ihren Seelenplan, den sie sich vorgenommen haben. Nichts ist genau so, wie es aus der begrenzten menschlichen Sicht heraus aussieht. Alles hat seinen Ursprung in einer Entscheidung.

Wofür du dich auch entscheidest, ich bin mit dir und freue mich mit vielen Engelwesen auf unseren gemeinsamen Weg in die Neue Energie!

In tiefer Liebe EINS mit dir – dein wahres Göttliches Zuhause IN DIR."

Frage nach der Zwillingsflamme

Ich bekam folgende Frage eines Klienten: „Ist es wahr, dass ich bald meine Zwillingsflamme finde? Denn ich sehne mich sehr nach ihr." Darauf schrieb ich folgende Antwort:

„... mein Freund ... das was du Zwillingsflamme nennst, ist nicht ganz so, wie du meinst. Es ist eine Sehnsucht in dir, ich weiß. Doch diese Sehnsucht entstammt etwas, das du als Mensch bisher nicht anders definieren konntest.

Es gibt nichts an dir, was unvollständig wäre, gar nichts. Mit mir, deinem Göttlichen Selbst, bist du vollständig eins. Wichtig ist, dass du dir dies immer wieder ins Bewusstsein rufst und mich ... in dich hineinatmest. Immer wieder... Dadurch kannst du mich mehr und mehr in deinem menschlichen Körper verankern, in jeder deiner Zellen. Und du wirst dich alleine dadurch schon vollkommener fühlen.

Durch deine Erlaubnis, mich wieder ganz und gar in dich aufzunehmen, geschieht nun noch etwas anderes. Es gibt Energien, die vorher einen Schritt zurücktreten müssen, um Platz zu machen. Die dir Äonen lang gedient haben und die nun mit großer Freude in eine Art Beobachtungsposition gehen. Du vermutest es sicher schon. Es sind ... deine Geistführer und Schutzengel, die sich nicht mehr so stark in deinem unmittelbaren Energiefeld befinden, wie du es kennst. Du spürst dies und zeitweise kann es sich sogar ziemlich ungemütlich anfühlen.

Habe Vertrauen – es ist alles in bester Ordnung. Du kommst dadurch nun in deine volle eigenständige Kraft zurück, gemeinsam mit mir. Dadurch sind dir Dinge möglich, die du längst vergessen hattest. Die du vor dir selbst verborgen hattest, nur um dieses Spiel des Vergessens auf der Erde – als Mensch – spielen zu können.

Mache dir bewusst, dass du dich mit jedem Atemzug mehr und mehr mit deiner vollständigen Energie verbindest ... ganz EINS wirst mit DIR – mit ALLEM was DU bist.

Deine Sehnsucht ist auch deine Sehnsucht nach Hause, nach deinem wahren Zuhause. Dadurch, dass wir uns immer mehr verbinden, kommt auch immer stärker die Erinnerung zurück, danach, was du in Wahrheit bist. Ein vollständiges göttliches Bewusstsein, das sich zur Zeit einfach nur auf einer Erfahrungsreise befindet.

Sobald du anerkennst – und auch bewusst lebst –, dass du selbst in dir bereits vollkommen bist, wirst du feststellen, dass dir gar nichts mehr fehlt. Dass niemand dich mehr lieben kann als du dich selbst. Du wirst außerdem nicht mehr das Bedürfnis haben, deine Energie von außen zu nähren, durch einen anderen Menschen. Alles wird in dir sein. Alles!

Dann wirst du diese Energie der Ganzheit auch aussenden. Du wirst Menschen, Synchronizitäten in dein Leben ziehen, die deine Energie bemerken und darauf reagieren. Achte – auch jetzt schon – darauf, ob jemand anderes dich als energetische Tankstelle benutzt und sich über dich ernähren will. Mach diese Menschen darauf aufmerksam, dass sie selbst die Wahl haben, wie sie ihr Leben gestalten. Dass sie selber Schöpfer sind und alles von ihrem eigenen Bewusstsein ausgeht. Dass sie selbst vollkommen – in sich selbst – sind.

Eine Seelenliebe auf einer völlig neuen Ebene kannst du auf Erden erleben. Das ist möglich und geschieht allein durch dein Sein. Diese andere Seele ist jedoch auch in sich selbst vollkommen. Auf dieser Basis gibt es keine energetische Abhängigkeit mehr, sondern zwei Menschen, die sich beide ihres göttlichen Erbes bewusst sind, teilen ihre Energien miteinander und vereinen sich auf eine neue Weise. Ohne Abhängigkeit, ohne Forderung, ohne Plan und Ziel, ohne Lügen. Sie können in vollkommener Achtung und Offenheit miteinander sein. Das ist Liebe auf einer neuen Ebene – in der Neuen Energie.

Noch etwas möchte ich dir heute sagen: Du brauchst keinen

Schutz mehr aufzubauen, denn es kann keine Energie mehr in dein Energiefeld eintreten, wenn du es nicht erlaubst. Es gibt allerdings Energien, die auch zu dir gehören und die du bisher abgelehnt hast. Nimm sie in Liebe zu dir zurück und atme sie ebenfalls ganz in dich hinein. Nur so kommst du wieder in deine vollständige Energie.

Atme ... ganz bewusst ein und wieder aus – es ist gleichzeitig das Leben – und dehne dein Energiefeld grenzenlos aus. Denn du bist in Wahrheit grenzenlos! Bleibe in deiner Energie und beobachte einfach, wovon du dich im außen noch nährst und was es mit dir tut. Nichts davon ist falsch, es hilft dir nur zur eigenen Erkenntnis.“

Ein seltsamer Traum

Es ging in dieser Frage um einen Traum. Die Antwort ist so vielsagend, dass ich sie hier mit aufgenommen habe. Vielleicht bringt sie auch dir ein paar wichtige Erkenntnisse.

Auszug aus der Frage:

„... Heute Nacht hatte ich einen Traum. Ich befand mich auf einer Schneefläche und war mir bewusst, dass dies ein Traum war. Deshalb nutzte ich die Gelegenheit, um Kontakt zu Aufgestiegenen aufzunehmen. Also rief ich nach keinem anderen als Jesus selbst. Auf der anderen Seite der Schneefläche, auf einer Straße stehend, sah ich dann einen Menschen stehen. Ich rief, dass er mir bitte helfen solle (allgemein aus diesem materiegebundenen Bewusstsein auszusteigen – dies erwähnte ich zwar nicht – ich rief eben lediglich, dass er mir bitte helfen solle). Er meinte, ich helfe dir. Dann war der Schnee plötzlich wie ganz tiefer Pulverschnee und ich versank direkt darin. Ich versuchte gegen das Versinken anzukämpfen mit dem Erfolg, dass ich immer tiefer sank und schließlich der Schnee bereits mein Gesicht bedeckte. Aber dann zog er mich raus und der Traum war vorbei...“

Auszug aus der entsprechenden Antwort:

„... Nun zu deinem Traum, den du wirklich real erlebt hast. Was meinst du denn, wer dieser Mensch auf der anderen Seite war?

Dieser Mensch warst du – es war eines deiner Schattenselbste[7]*. Der Schnee symbolisierte die Materie, gleichzeitig auch die alte Energie und das Massenbewusstsein.*

Etwas sehr Wichtiges hast du dabei erlebt. Du hast am eigenen Leib erfahren, wie du mit deinem Bewusstsein der Neuen Energie in den alten Strukturen (dem Schnee von gestern) versunken bist. Hättest du aufgehört zu kämpfen und dagegen anzugehen, wäre es dir ein Leichtes gewesen, dort herauszukommen. Du hättest allein mit deinem Vertrauen erreicht, darüber hinwegzugehen.

Du selbst hast dich dann herausgezogen, nur du selbst konntest es. Doch du wolltest dieses Erlebnis bis zum Ende fühlen, um daraus Erkenntnisse zu ziehen.

Diese Erkenntnisse gilt es nun in dieser 3D-Realität anzuwenden. Also höre auf zu kämpfen – auch gegen deinen Körper. Es kostet dich Energie. Hilf dir und ihm lieber, in Leichtigkeit diesen Bewusstseinssprung zu vollenden..."

Nachtrag von mir: Zu dieser Beratungsantwort möchte ich noch erklärend hinzufügen, dass es sich hier um jemanden handelt, der seine Aufmerksamkeit sehr intensiv auf die eigene Bewusstwerdung als göttlicher Mensch richtet. Ich habe ihn schon mehrfach beraten, doch diese Antwort war auch für mich sehr außergewöhnlich. Es war das erste Mal, dass ein Traum so klar gedeutet wurde. Mit meinem Menschenverstand hätte ich dies sicher nicht auf diese Weise beantworten können.

Multidimensionalität, Zeit und Göttlicher Wille

Mit diesem Klienten lernte ich über einige Monate hinweg durch die Antworten seines Göttlichen Selbst einen Prozess der Multidimensionalität kennen. Anders kann ich es nicht beschreiben. Um die Botschaft an ihn besser zu verstehen, möchte ich ein paar Worte zur Vorgeschichte sagen: Es gibt in seinem Leben einen Menschen, mit dem er sich sehr stark verbunden fühlt, fast so als wäre er ein Teil von ihm. In seinen Träumen erlebt er immer wieder seine eigenen parallelen Universen mit

[7] Anmerkung: so etwas wie ein "paralleles" Selbst

sehr realen Informationen. Die Fähigkeit zum Imaginieren, zum fühlbaren Erleben ist bei diesem Klienten äußerst ausgeprägt.

„... es ist einfach köstlich, dich zu beobachten ... wie du ein einziges Fragezeichen bist. Und das kannst du auf diese Weise nur in deinem Menschsein.

Du verbindest dich in der Tat immer mehr – und auch sehr fühlbar – mit deinen anderen Selbsten, die du auch bist. Du weißt, du bist multidimensional. Das musst du nicht erst werden, doch dir wird es immer bewusster ... auch in deinem Erleben. Das alles gehört zu diesem momentanen Prozess dazu. Übrigens ... du bist nicht nur N. (Anm.: menschlicher Name), und auch nicht S. (Anm.: im Traum genannter Name des Gesamtselbst), sondern noch viel viel mehr als das. Das alles sind Identitäten, Rollen in einem Spiel.

Lustig ist für mich auch, dass du deinen Prozess am liebsten – immer noch und immer wieder – beschleunigen würdest. Du möchtest am liebsten schon Rennrad fahren, bist jedoch gerade dabei, dich ans Dreirad zu gewöhnen. Auch wenn ich es dir immer wieder sagen muss, N.: Es geht nur Schritt für Schritt, einfach deshalb, weil dein System sonst überfordert wäre. Nicht nur dein Körper, auch dein Geist und dein Verstand wollen mit in die Neue Energie. Sie brauchen nun mal ihre Anpassungszeit in der Realität, in der du lebst. Sie wären sonst derart überfordert, dass sie sich einfach auflösen würden. Und das kannst du doch nicht wirklich wollen, oder?

In deinen Träumen – und mittlerweile auch in deinen realen Erlebnissen wird für dich dieses gewisse Eins-Werden der Dimensionen, diese neue Verbindung sichtbar und auch fühlbar. Immer öfter vermischen sich diese bisher verschiedenen Realitäten. Wen das im Moment am meisten verwirrt, ist dein Verstand. Er ist es gewohnt, Dinge einzuordnen in das, was er kennt. Und nun bekommt er ständig neue Informationen, sozusagen ein neues Programm. Und nicht nur das. Seine gesamte Festplatte bekommt ein neues Format, ein vollkommen neues. Denn sonst wäre es ihm nicht möglich, dich in die Neue Energie zu begleiten. Du würdest buchstäblich deinen Verstand unterwegs verlieren...

Du triffst nun mehr und mehr auf Aspekte deiner selbst. Das geschieht deshalb, weil du sie integrierst und eins mit ihnen wirst. Dabei ist die Information, die sie dir bringen, nicht das wichtigste, schon gar nicht für deinen Verstand. Wichtiger ist, dass du die Verbindung mit deinen Anteilen spürst und in die Botschaften und Informationen mit deinem Gefühl hineingehst. Und noch wichtiger ist, dass du lernst, deinen Gefühlen auch wirklich und wahrhaftig vollständig zu vertrauen, sie nicht immer noch zu hinterfragen.

Lass sie einfach das sein, was sie sind: Informationen von deiner Seele für dein Bewusstsein ... und vor allem für dein Gefühl. Das führt dich am einfachsten zu dem, wofür du hier bist ... dein Leben zu genießen und anderen zu zeigen, wie es geht. Wie du in der Freude bist, DEIN Leben lebst.

Du bekommst von C. immer wieder gezeigt, sehr deutlich sogar, wo du dich gerade befindest. Er geht deinen Weg mit und orientiert sich an dir. Beobachte ihn weiter, er wird es bei dir auch tun. Es ist nicht wichtig, was ihr gerade in anderen dimensionalen Bereichen tut. Das würde nur euren Verstand mit Daten füttern. Alles, was ihr wissen müsst – im Jetzt – das wird euch gezeigt oder gesagt. Vertraue darauf, dass alles genau zur passenden Zeit in dein, in euer Leben tritt.

Lass dich ganz und gar auf die Neue Energie ein, N. Auch wenn du es nicht glauben magst ... du suchst noch allzu oft nach Erklärungen in der alten Energie. Mach dir klar, dass alle Funktionsweisen sich ändern und nicht mehr viel von deinem bisherigen Wissen brauchbar ist.

Ein paar Beispiele möchte ich dir hier gerne nennen:

Es gibt nichts mehr zu erreichen, denn alles ist bereits vollkommen.

Es gibt auch keine Suche mehr, denn alles ist bereits da. Und natürlich gibt es keine Gegensätze mehr und somit auch keinen Kampf.

Alles IST einfach und aus dem heraus geschieht alles. Der menschliche Wille braucht nichts mehr zu wollen, denn der Göttliche Wille hat bereits das perfekte Ergebnis.

Da die Neue Energie sich gerade aufbaut, durch dich und durch viele Menschen erschaffen und zum Teil schon gelebt wird, ist sie mit nichts Bisherigem vergleichbar. Sie steckt sozusagen noch in den Kinderschuhen...

Alles war ein Experiment und musste sich erst entwickeln, aufbauen. Niemand wusste vorher, wie dieses Experiment ausgehen würde. Ja, N., so ähnlich ist es jetzt mit der Neuen Energie. Gewissermaßen ist sie ein ganz neues Experiment, und sie wird ganz sicher noch so einige Überraschungen bereithalten, die niemand vorhersehen kann. Weder ich noch unsere Geschwister jenseits des Schleiers können das, denn auch für uns ist dies ein neues Spiel, das wir sehr interessiert beobachten. Alles, was wir wahrnehmen können, sind die energetischen Zusammenhänge und wie sie sich entwickeln. Welche Potenziale sie mitbringen...

Deine Fähigkeiten werden weiter wachsen. Je mehr du deine Anteile zusammenbringst, desto mehr wirst du auch an Fähigkeiten entdecken. Wer sagt dir denn eigentlich, WAS perfekt ist, WAS richtig ist, WAS zum Beispiel gute Musik ist...? Der einzige, der dir das für dich selbst sagen kann, das ist DEIN Gefühl, dein Empfinden! Nicht das Empfinden der anderen ist dafür maßgebend ... es ist nur DEIN eigenes. Wenn du ein Musikstück spielst oder singst, dann wird niemand das genauso empfinden können wie du. In jeder Seele wirst du eine andere Resonanz erzeugen ... und darum ist es nur wichtig, welche Saite es in dir selbst zum Klingen bringt. Das gilt natürlich für jeden anderen Menschen auch.

Nun möchte ich noch zum Thema Zeit kommen, weil es dir anscheinend so wichtig ist. Genau daraus kannst du schon einiges erkennen oder?

Zeit, wie sie bisher gemessen wurde, befindet sich schon seit einiger Zeit in Veränderung. Wenn ihr keine Uhr hättet, würdet ihr viel mehr zeitlos werden und leben können. Doch die Menschen neigen dazu, sich an etwas orientieren zu müssen ... einen Leitfaden zu brauchen. Und das ist nun mal auch die Zeit.

Wenn du aussteigen willst aus dieser Orientierung, dieser Form der Reglementierung, die Zeit nun mal auch ist ... dann kannst du es nur, wenn du dich so oft es dir möglich ist, aus der Zeitmaschine ausklinkst. Wenn du einfach im Jetzt lebst. Damit meine ich, so lebst wie ein Kind... Es fragt nicht, wie lange es für etwas braucht. Es geht vollkommen in seinem Tun auf .... und wenn es nicht Erwachsene gäbe, die es aus diesem Jetzt herausreißen würden, dann gäbe es keine Zeit für sie.

Steige aus diesem Hamsterrad aus, werde dir bewusst, dass alles, was du erlebst, nur im Jetzt stattfindet. Zeit ... gibt es nicht, nur in deinem gewohnten Bild, das du von der Realität hast. Du kannst sie ausschalten, wann immer du willst. Und das tust du auch bereits –

manchmal. Auch hier wieder: nichts forcieren. Es kommt von alleine...

Die Zeit hängt eng zusammen mit der Dualität, aus der du dich gerade verabschiedest. Je mehr du dich der Zeit unterwirfst, desto mehr hält dich das in der Dualität und ihren Gesetzen. Lebst du so oft es geht zeit-los im Jetzt, befindest du dich in der Neuen Energie. So einfach ist das im Grunde, doch trotzdem – am Anfang – nicht so leicht umzusetzen, weil du es bisher anders gewohnt bist – und deshalb vor allem anders erwartest!

Diese Erwartungen passen nicht in die Neue Energie. Jegliche Erwartung eines Ergebnisses zieht dich wieder zurück ins Feld ... aus dem du dich eigentlich lösen willst. Selbst die Erwartung der Neuen Energie, die Erwartung deiner Entwicklung, die Erwartung irgendeines Ankommens ... hält dich im Feld. Erst recht natürlich die Erwartung eines Auf und Ab... Kannst du das – mit dem Herzen – verstehen?

SEI einfach ... im absoluten Göttlichen Augenblick, im Jetzt. Nur dort findest du die Neue Energie. Nur dort kannst du in eine vollständige Balance kommen. Dort gibt es kein Auf und Ab mehr, dort brauchst du auch keine Schwungkraft mehr – wie in der Dualität. Alles ist dort vorhanden oder kommt zu dir. Alles.

N., es gibt tatsächlich nichts mehr, das du erreichen musst. Nichts mehr, wohin du gehen musst. Nichts mehr, das du überhaupt solltest. Einzig und allein das Leben, das SEIN ist wichtig. Fühle dich einfach angekommen – und du wirst es sein. Dann genieße einfach nur noch das, was dir begegnet. Genieße es, hinterfrage es nicht. Schau es dir an ... und fühle es. Fühle die Freude in dir darüber...

Dann hören auch die Kämpfe in dir auf, denn nur dort finden sie noch statt. Es sind die Abschlusskämpfe der Dualität – in dir. Es sind auch Abschiedskämpfe, denn es gibt Energien, die so sehr an dich gewöhnt sind, dass es ihnen nun schwer fällt zu gehen.

Mächtig bist du bereits, zusammen mit mir und deinem Göttlichen Willen. Doch nicht die bisherige Macht ist damit gemeint, die Macht eines Kriegers ... Es ist die natürliche Macht eines Gottes, der aus sich selbst heraus alles erschafft. Nur aus sich selbst heraus...

Das ist alles, was ich dir heute sagen möchte. Lebe außerhalb von Zeit ... und du bist angekommen – bei mir und Allem-Was-Ist.

Deine Göttlichkeit in dir – und immer ganz besonders in deinem – göttlichen – Atem!“

Veränderung zu Freude und Leichtigkeit

Anfang Januar 2007 erreichte mich eine Anfrage, die nach Schreiben der Beratungs-Botschaft einige Phänomene mit sich brachte. Nicht nur dass Emails einfach so aus dem Postausgang verschwanden – auf beiden Seiten – es traten auch andere unerklärliche Dinge auf. Da dieses Beispiel die Wirkungsweise der Neuen Energie und auch der Energien zwischen den Zeilen sehr anschaulich darstellt, freue ich mich über die Erlaubnis des Empfängers, dies hier vollständig zu veröffentlichen. An dieser Stelle danke ich ihm ganz herzlich dafür! Seinen Namen und Wohnort habe ich verständlicherweise geändert.

Es begann mit der Anfrage von Klaus:

Liebe Jona Mo, erst einmal wünsche ich dir ein frohes neues Jahr! Ich heiße Klaus und wohne in Hannover…

Lange habe ich gezögert deine Hilfe in Anspruch zu nehmen, weil ich bisher immer die Antworten in mir SELBST gefunden habe.

ABER nun …

Liebe Jona Mo, ich bitte Dich, Kontakt mit meinem Göttlichen SELBST aufzunehmen für folgende Frage(n):

Ich habe mehr als 20 Jahre in einer großen Firma als Buchhalter und EDV-Berater gearbeitet und habe nun den alten Job gehen lassen … (gekündigt vor 7 Monaten, Ende der Arbeit vor ein paar Tagen).

Ich war mir absolut sicher, innerhalb dieses halben Jahres eine neue berufliche Situation kreieren zu können … was anfangs auch so aussah… Ich wollte mich selbstständig machen mit einem Kinderbuchkonzept und wählte dabei den Weg über einen Unternehmensberater, der mir einen bankfähigen Geschäftsplan erstellen sollte … dann den Weg zur Bank und ein Unternehmensdarlehen beantragen … dieses ist auch geschehen … allerdings sagte die Bank dann nach sehr langer Zeit einfach so ab. (Eine zweite Bank ebenfalls.) Das war ein Schock für mich (und ein Segen, denn ich erkannte nach einem „schönen Zusammenbruch“, dass ich dadurch mein altes Leben „künstlich“ über mehrere Jahre (Bankdarlehen über 10 Jahre) am Leben erhalten wollte. Diese Erkenntnis brachte mich tatsächlich meinem göttlichen SELBST sehr nahe…

Nun ist es aber so, egal was ich unternehme, versuche, starte, schöpfe, atme, gar nichts mache, wähle … ALLES „scheint" nicht zu funktionieren, ich habe sehr großes VERTRAUEN in mich selbst und auch in GOTT in mir… ABER irgendetwas müsste jetzt doch bitte in meiner Realität sichtbar werden…

… Ich habe bewusst gewählt, NICHT mittellos zu sein und alles zu verlieren, JA das ist meine WAHL… Ich habe eine Tochter (12 Jahre) und eine Frau, die allmählich auch sehr nervös werden. Als Notlösung habe ich gewählt, 1-2 Monate weiter in meinem alten Job zu arbeiten, aber es kommt nicht vom Herzen…

ICH WEISS NUN WIRKLICH NICHT MEHR WEITER…

Und hier ist nun meine Frage:

Was kann ich noch tun, um finanziell versorgt zu bleiben? Meine Wahl ist die SELBSTSTÄNDIGKEIT, aber ich habe keine großen Mittel, um ein Geschäft aufzubauen!

Ich weiß, mein VERTRAUEN wird hier gründlich geprüft und ich VERTRAUE auch … ABER die Angst ist doch ziemlich groß!

Über eine sehr schnelle Antwort wäre ich dir sehr dankbar, liebe Jona Mo.

Herzliche Grüße aus Hannover sendet dir Klaus

Darauf kam folgende Botschaft an Klaus:

„Geliebter Klaus, du hast die Antworten bereits alle in Dir, doch Dein Verstand traut ihnen nicht und er lässt sie daher nicht direkt durchkommen.

Du willst deinem Gefühl nachgeben, du willst selbstständig sein, du willst ... doch dieser Wille kommt nicht aus deinem Herzen. Du willst aus deinem Herzen heraus agieren, und doch ist es dein Verstand, der dich lenkt. Und es ist noch viel mehr als das...

Nimm einen tiefen Atemzug ... geh tief in dein Herz, ins absolute Jetzt, in den göttlichen Augenblick ... und FÜHLE, was dich wirklich bremst. FÜHLE, was dich wirklich antreibt...

Du hast deinen neuen Weg sehr stark in der Neuen Energie gespürt und die ersten Schritte dahin unternommen ... es gewählt. Und doch bist du mit den Mitteln der alten Energie vorgegangen. Du hast dir ein Konzept erstellt ... sogar erstellen lassen.

Was meinst du, was die Neue Energie ist? Was meinst du, wie sie funktioniert? Was meinst du, passiert mit einer Wahl in der Neuen Energie – wenn du sie dann mit den Möglichkeiten der alten Energie umsetzen willst?

Nun, es ist ähnlich, als wolltest du ein Haus bauen, das seine Energie aus sich selbst heraus bezieht ... das sich sozusagen selber aufbaut ... das selber weiß, wie es statisch und energetisch perfekt ist ... das ganz und gar ohne jegliches bekannte Material auskommt ... bei dessen Aufbau keine schweren Steine geschleppt werden müssen. Es besteht aus einem neuen Material, das leicht ist, das bereits vor dem Aufeinandersetzen schon passend ist. Es ist ein Material, das aus dem Erbauer heraus erschaffen wird...

Weißt du auch, woraus dieses Material, dieser neue Baustoff, seine Energie bezieht – seine Neue Energie? Ich will es dir gerne verraten ... es ist ... die spielerische Leichtigkeit, das Erlauben, die Freiheit, in der es entstehen darf. Es reagiert am besten, am schnellsten und am perfektesten auf diese Energie ... des Spielens.

Was meinst du, würde passieren, wenn du in dieses Haus nun ganz normale Steine einfügen würdest? Wenn du irgendwann beginnst, diese Leichtigkeit anzuzweifeln? Wenn zum Beispiel Leute vorbeigehen würden, die dir einreden, dass du Baumaterial brauchst ... und die dir auch sagen, woher du es bekommst.

Nun, du würdest vermutlich erst einmal innehalten und ... augenblicklich wäre dein Verstand wieder in Aktion. Stimmt, würdest du sagen ... wie konnte ich das nur übersehen? Wie konnte ich nur denken, dass es so leicht gehen kann?

Was Du dabei übersehen hast ... besser, was dein Verstand übersehen hat, ist: Dieses neue Baumaterial kennt er nicht. Es ist tatsächlich so neu, dass nur das spielerische Kind in dir es bauen konnte ... so lange, bis jemand kommt, um dir zu erzählen, dass es nicht möglich sei. Dass es nicht real sei ... dass es so nicht gehen kann.

Von dem Moment an versuchst du, dieses völlig neuartige Haus mit alten Baustoffen zu errichten. Du versuchst, ihm eine Form zu geben, die mit den bekannten, schweren Baustoffen möglich ist. Du gehst nach bekannten Bauplänen ... die nur mit dem bisher bekannten Material planen und umgehen können. Du hast begonnen, dieses neuartige Haus, das sich – aus sich selbst heraus – perfekt errichten kann, zu begrenzen. Du hast begonnen, es in eine bekannte Form zu pressen, ihm alte Baustoffe beizumengen.

Kannst du dir nun vorstellen, dass das nicht funktionieren kann? Dass dieses Haus in sich zusammenfallen muss? Kannst du dir vorstellen, dass dein Vertrauen in die Möglichkeiten, in die Perfektion der Neuen Energie nicht gleichzeitig das Vertrauen in die alte Energie mit einschließt?

Das wäre gleichzusetzen mit dem Vertrauen, dass sich schwere Steine von alleine erheben und die richtige Position finden ... dass sie sich alleine so formen könnten, dass sie passen ... dass sie von alleine leicht werden können.

Könntest Du das tatsächlich glauben und dem vertrauen?

Mit den alten Steinen geht dies sicher nicht ... doch die neuen Steine, das Baumaterial der Neuen Energie hat diese Qualität. Es ist so beschaffen, dass es sich auf eine einfache Wahl hin in seine passende Richtung bewegt ... und auch verändern kann.

Sicherlich ist es auch dabei nötig, etwas zu tun, dieses Material zu bewegen ... doch es reagiert nur auf spielerische Leichtigkeit. Es ist fast so, wie wenn ein Kind im Sand spielt und Burgen baut. Genau so einfach und leicht ... Es geschieht einfach – ohne jegliche Erwartung – von ganz alleine aus sich selbst heraus.

So, lieber Klaus, nun schau dir einmal an, mit welcher Energie du dein Projekt begonnen hast zu bauen. Mit welcher Energie du deine Wahlen getroffen hast... Wann du begonnen hast, mit alten Steinen ein Haus der Neuen Energie zu bauen. Wann du begonnen hast, nach den alten Methoden zu schielen, anstatt mit den neuen zu spielen...

Du hast niemals wirklich gar nichts gemacht, wie Du sagst. Du hast es versucht ... doch dieser Versuch hat nicht allzu lange gedauert. Du hast Deine Schöpfungen niemals wirklich ins Leben gelassen, ihnen niemals die Freiheit geschenkt. Du hast immer ein bestimmtes Ziel verfolgt – und du tust es auch jetzt noch.

Vertrauen, lieber Klaus, hat niemals etwas mit Erwartung zu tun. Vertrauen heißt im JETZT zu sein, im göttlichen Augenblick, im kreativen schöpferischen Moment – und damit auch in der Energie von Gnost[8] – in deiner göttlichen perfekten Lösung.

Kannst du es dir wirklich erlauben, diese perfekte Lösung, die

[8] Gnost ist das göttliche Wissen in uns, das die Lösungen bringt, wenn wir es nicht mit dem Verstand steuern.

bereits IN DIR steckt, aus DIR herauskommen zu lassen? Kannst du jegliche Erwartung, die du noch hast, entlassen? Vollständig entlassen?

Erst wenn du diese Bereitschaft tatsächlich hast, wirst du Synchronizitäten in deinem Leben bemerken, die du niemals hättest erwarten können. Denn du kennst sie nicht. Sie kommen nicht aus dem, was du bisher erfahren hast. Sie kommen aus deinem göttlichen Inneren – durch die Energie von Gnost.

Es gibt noch etwas, das dich daran hindern will, die Neue Energie – das neue Baumaterial – in dein Leben zu lassen. Es sind die alten Glaubenssätze, die zum größten Teil nicht von dir stammen – sondern von den Leuten, die vorbeikommen und dir sagen wollen, dass das so nicht gehen kann. Weil sie diese andere Möglichkeit nicht kennen.

Hier ist es wiederum deine Wahl, wem du mehr vertraust und glaubst. Diesen alten Glaubenssätzen oder dem neuen Baumaterial, das aus dir – aus deiner eigenen Neuen Energie – kommt.

Du hast die Wahl, ob du selbst über dich und deine Bauweise bestimmst – oder ob du über dich bestimmen lässt. Hierbei könnte dein altes Verständnis von Sicherheit erst einmal völlig zusammenbrechen. Doch bedenke, es ist ein Verständnis, das auf altem Baumaterial gegründet ist. Ist es für dich noch gültig – oder nicht? Diese Entscheidung – diese Wahl – wird dir niemand abnehmen können. Auch ich kann dies nicht für dich tun. Ich kann nur jede deiner Wahlen achten und sie zutiefst ehren!

Es muss nicht sein, dass du das alte Haus erst zusammenbrechen lässt, bevor du in das neue einziehst. Bevor du es gebaut hast. Dann könnte es leicht sein ... dass du auf der Straße sitzt.

Doch es kann ebenso gut möglich sein, dass dein neues Baumaterial den Turbogang einlegt – dass DU den Turbogang einlegst. Du weißt ja, was der Treibstoff ist ... die spielerische Leichtigkeit.

Doch genauso wichtig ist auch, dass DU Dich von jeglicher Erwartung frei machst, wie es aussehen könnte ... was es werden könnte ... wie der Aufbau funktioniert.

Lass es frei sein, völlig frei. Gib dieser Energie, diesem Projekt, das du neu aufbaust, den Raum, die Freiheit. Lass ihm die Freiheit, den Weg zur Vollendung selbst zu finden. Du wirst Impulse in dir spüren, denen du dann nachgeben kannst. Dafür brauchst du keine

Anstrengung durch den Verstand. ES findet sich selbst, es hat selbst diesen Drang in sich, sich zu realisieren ... materiell zu werden. Die stärkste Energie, den stärksten Antrieb kannst du deinem Projekt geben, wenn du deine Freude dort hineinbringst. Deine absolute und sehr kindliche Begeisterung. Dies gilt übrigens für alles, was du mit der Neuen Energie erschaffst, ins Leben bringen willst.

Gib deinen Schöpfungen die kindliche Energie der Freude ... des Spielens ... der Leichtigkeit. Ohne irgendeine Zielvorstellung, ohne ein festes Endergebnis zu projizieren. Bau dein neues perfektes Haus nicht weiter mit den alten Baustoffen, sondern mit Neuer Energie.

Du kannst auch deinen alten Beruf, deine bisherige Tätigkeit mit neuen Augen betrachten, aus einem neuen Blickwinkel. Sie ist nicht deine Begeisterung, doch sie ermöglicht dir im Moment noch das, was du durch deine neue Selbständigkeit erreichen willst ... deine finanzielle Ver-SORGUNG.

Es kann ein Weg sein, deine alten Glaubenssätze langsam zu verabschieden, sie langsam gehen zu lassen. Und es kann auch ein Weg sein, ohne Crash, ohne Erwartungen deinen neuen Weg zu beginnen. Es kann vor allem ein Weg sein, um die spielerische Leichtigkeit dort hineinzubringen, die der Baustoff dafür ist. Es kann dir ermöglichen, deine Potenziale – die neuen Potenziale – sichtbar zu machen. Und dann brauchst du sie nur noch zu ergreifen, zu wählen.

Wahl, lieber Klaus, ist nicht gleichzusetzen mit Wollen oder Wünschen. Eine wirkliche Wahl ist sehr viel umfassender, denn sie schließt alles mit ein. Vor allem die vollkommene Akzeptanz dessen, was sie mit sich bringt. Und ... die vollkommene Verantwortung dafür, dass es deine Wahl ist. Nicht die der anderen ... deiner Frau, deiner Tochter oder irgendwem.

Mach es dir leicht, lass deine Schöpfung frei ... dann machst du gleichzeitig den Weg frei für soviel mehr ... viel mehr, als du es dir jetzt vorzustellen vermagst...

Du bist auf einem sehr kraftvollen Weg – auf DEINEM Weg. Jede Wahl bringt dich weiter, jede Wahl wird dir Ergebnisse bringen. Wähle die Leichtigkeit und du wirst sie erleben. Wähle das Vertrauen in die Neue Energie – und du wirst bei deinem Schritt über den Abgrund Neue Energie unter deinen Füßen spüren.

Und bedenke immer:

Bei jedem deiner Schritte bin ich mit dir verbunden und freue mich daran.

Atme ... und du spürst mich in jedem Augenblick...

ICH BIN deine Göttlichkeit – deine wahre Heimat IN DIR."

Die Antwort, die einen Tag später von Klaus kam, spricht einfach für sich selbst. Ich habe mich beim Lesen wirklich amüsiert. Meine Email war inzwischen aus dem Postausgang völlig verschwunden und ist bis heute nicht aufgetaucht.

Liebe Jona Mo, hier ist nun mein etwas längerer „Bericht".

Gestern Abend so gegen 17:00 Uhr entschloss ich mich noch etwas länger in der Firma zu bleiben, um ‚meine' Botschaft von dir zu erhalten ... alle fünf Minuten startete ich mein Email-Programm und war ganz aufgeregt – na ... jetzt wird es doch wohl endlich da sein?!

Um 17:35 Uhr ging ich dann etwas gestresst nach Hause – ohne deine Nachricht.

Tief durchatmen – zur Ruhe kommen – nichts anmerken lassen...

Zuhause angekommen startete ich dann so gegen 19:00 Uhr meinen Computer und erhielt die lang ersehnte Lösung für alle meine Probleme ... (grins). Eingang der EMAIL von dir um 17:38 Uhr ... also drei Minuten hätte ich in der Firma noch warten können, oder? Aber dann hätte ich folgendes nicht gesehen. Was ich da sah, war schon etwas sehr merkwürdig... Ich öffnete die Datei von dir und fing an zu lesen...

Ganze vierzehn Worte fand ich dort verteilt auf vier Seiten:

... willst willst willst willst, spielerische Leichtigkeit, real, muss, hat, tun, spielen, gar nichts, versucht, willst, Ver-sorgung...

Zuerst dachte ich an einen Scherz von dir...

Als nach mehrmaligen Versuchen der Text auch nicht länger wurde, sagte ich zu meiner Frau und Tochter, ich müsse noch mal in die Firma...

Endlich, da kam die vollständige Nachricht aus dem Drucker. Was ich allerdings dort las, verschlug mir erst einmal die Sprache. WAS, das soll von meiner eigenen Göttlichkeit kommen??? Niemals – ich kenne doch meine Göttlichkeit, die meint es doch nur gut mit mir... (Und das meinte sie tatsächlich.)

Ich las die Botschaft wie eine Nachricht für die Allgemeinheit, nichts wirklich Tröstendes ... keine Spur von Liebe oder Leichtigkeit oder

Lösung nach meiner ganz persönlichen Vorstellung (gg).

Ich versank immer mehr in Selbstmitleid, da mein SELBST mich hier auf Erden die LAST alleine tragen lässt...

Dann wurde ich natürlich sauer ... und zwar auf DICH, liebe Jona Mo (Danke, für dein Verständnis).

Völlig verzweifelt verließ ich dann mein Büro und ging ganz langsam nach Hause...

Ich verstand die Welt nicht mehr... ich war doch schließlich ein Mensch, der in der NEUEN ENERGIE lebt!

Den Abend habe ich dann irgendwie rumgekriegt.

Als ich im Bett lag, ergriff mich eine tiefe Verzweiflung... Ich spürte den Schmerz und die Wut in jeder Zelle meines Körpers und weinte sehr verkrampft. Durch tiefes Atmen löste ich mich irgendwann von meinem Körper und war ätherisch unterwegs in meinem Schlafzimmer (voll bewusst)... Da habe ich dann alles kurz und klein geschlagen, bis ich wieder in meinem Körper ankam und endlich einschlief.

Am Morgen dann die gleiche Verzweiflung und Wut auf das Leben und die „Lüge" der NEUEN ENERGIE, die ja angeblich soooo leicht ist und alles verbessert.

So gegen 11:00 Uhr in der Firma erkannte ich schlagartig, wie meine Kollegen das „alte" Spiel mit voller Leidenschaft spielten und konnte mich erst durch dieses Abheben, also durch den Kontrast dazu, als doch irgendwie ANDERS und NEU wahrnehmen. Ich entschied mich dann innerlich dazu, durch die Kollision mit der „Alten Energie" einen Quantensprung in meinem Bewusstsein zuzulassen...

Nach wenigen Minuten wurde ICH in eine schier spielerische Leichtigkeit katapultiert, die meine große LAST, die ich dachte zu tragen, in einem ganz anderen Licht erscheinen ließ.

Von diesem Moment an wusste ich, die NEUE ENERGIE wird tatsächlich durch Leichtigkeit aktiviert. Nun, mein Herr Verstand wusste das natürlich alles schon – theoretisch –, aber nun durfte auch ER Zeuge davon werden, dass es vielleicht doch etwas NEUES, ganz Einzigartiges gibt, das uns ständig dazu einlädt und zuwinkt ... aber erst die ERFAHRUNG dieser Begegnung macht eine Bewusstseinsveränderung möglich... Alles andere ist Philosophie – wie KUTHUMI[9] mir im vorletzten SHOUD[10] schon deutlich gemacht hat.

Der Rest des Tages verlief dann auch tatsächlich auf eine leichte und spielerische Art.

Ich konnte in meinem Körper und meinem gesamten Energiesystem verstärkt Symptome wahrnehmen, wie z.B. elektrische Ladungen von Kopf bis zu den Füßen...

Es folgte ein angenehmer, tiefer Schlaf.

Heute Morgen dann legte sich meine anfängliche Euphorie und der Alltag kehrte wieder zurück... Allerdings hatte ich ein neues Geschenk erhalten. Das „Alte" war noch immer da – ABER ich habe nun die Möglichkeit (weil ich jetzt wusste, dass ES auch anders geht), in die Frequenz des „Spiels" mit mir und meiner Umwelt umzuschalten ... durch leichte und einfache Absicht.

Zum ersten Mal, folgte ein ECHTER tiefer Atemzug (also kein „ICH MUSS JETZT ATMEN, weil Tobias[11] und St. Germain[12] das immer wieder erwähnen"), sondern das Atmen war erfüllt mit MEINER EIGENEN Essenz...

Ich entschloss mich heute Nachmittag einen halben Tag Urlaub zu nehmen ... und erkannte auf einmal, in was für Grenzen ich doch tatsächlich stecke – ICH muss bei meinem Chef darum bitten, einen halben Tag Urlaub haben zu dürfen – hallo – wie bitte? Ich fühle mich frei und begegne einer Situation, die mir ganz klar machte – Klaus, DA SITZT ein anderer auf deinem THRON!!!

Diese Einsicht hatte ich heute nicht zum ersten Mal, aber ich konnte es heute zum ersten mal SO deutlich wahrnehmen.

---

[9] Kuthumi ist ein geistiger Lehrer mit viel Humor.

[10] Ein Shoud ist gewissermaßen eine energetische Durchgabe eines Menschen oder auch einer ganzen Gruppe, bei dem der Channeler mit seinem vollen Bewusstsein teilnimmt. Die Botschaften kommen aus der Verbindung des Göttlichen mit dem Menschlichen.

[11] Tobias ist ein geistiger Lehrer für die Neue Energie und spricht zu uns in den Shouds durch Geoffrey Hoppe - siehe die deutsche Webseite shouds.de und die amerikanische Originalseite crimsoncircle.com. Der Crimsoncircle ist ein weltweites Netzwerk menschlicher Engel mit der Bezeichnung *Shaumbra*, die sich in die Neue Energie hineinbewegen, um dann andere Menschen mit ihren Er-fahrungen in ihren Prozessen zu unterstützen. Tobias findet man in den Apokryphen der Bibel, also jenen Schriften, die durch das Konzil von Trient im 16. Jahrhundert aus der Bibel entfernt wurden. In der alten Bibel gibt es das "Buch Tobit" oder auch "Buch Tobias".

[12] St. Germain wird durch seine außergewöhnlichen Fähigkeiten als sog. aufgestiegener Meister bezeichnet, der als Mensch unter diesem Namen gelebt hat und uns nun aus der geistigen Welt als Begleiter in die neue spirituelle Energie unterstützt. Er wird auch mit der violetten Flamme - einer Transformations- und Veränderungsenergie in Verbindung gebracht.

Jetzt sitze ich hier Zuhause vor meinem Computer, liebe Jona Mo, und schreibe dir diese Zeilen, und meine Göttlichkeit schickt mir ein paar Worte in meinen Verstand: „Entweder, das alte Spiel einigermaßen vernünftig weiterspielen, mit ALLEM Drum und Dran, also auch mit den Ketten, die ich mir selbst angelegt habe ... ODER das NEUE Spiel GANZ NEU beginnen..." Ohne Erwartungen und bestimmte Ziele... Und Vertrauen heißt hier wirklich KEINE Erwartungen haben!

Wieso haben die „feinen" Herrn und Damen aus den anderen Bereichen mir das denn noch nicht gesagt? (Tolles Glaubenssystem, oder?)

Spielerische Leichtigkeit – und aus „willst & musst" wird: Ja, warum eigentlich nicht? Ich lass mich überraschen...

Noch eines ist mir klar geworden ... die Ängste, die noch da sind, also finanzielle Versorgung und Machtspielchen in der Firma und und und, sie sind noch da ... aber und das ist ein großes ABER ... sie müssen sich nicht erfüllen in meinem Leben, wenn ich die Kontrolle loslasse...

Ich glaube, eher das Gegenteil ist der Fall, denn wenn ich weiter die Kontrolle ausübe und sie in „Schach" halten möchte, werden sie immer stärker und stärker, und das zwingt mich irgendwann in die Knie. Und ich wundere mich, warum ich so kraftlos bin... Aber wenn ich sie bewusst wahrnehme, erkenne ich meine persönliche EINLADUNG und kann sie sich dann ganz von selbst auflösen lassen und als „verkleidete" Segnung erkennen.

Natürlich habe ich schon lange die Kontrolle losgelassen, in allen Bereichen meines Lebens, NATÜRLICH, dass weiß ich doch ganz genau (gg).

Und jetzt kommt das Allerwichtigste...

OHNE Ehrlichkeit zu mir SELBST – ist alles ein verlogenes und falsches Spiel, das irgendwann wahrscheinlich wirklich zusammenbrechen muss, WEIL es eben nicht aus dem Herzen kommt!

Das habe ich nun ansatzweise erkannt, wo ich mich doch schon in der wundervollen NEUEN ENERGIE wähnte. Diese ENERGIE ist vorhanden – ohne Zweifel – und sie klopft auch täglich an meine Tür, aber vor lauter Angst habe ich den Schlüssel noch mal umgedreht...

Wahrscheinlich sind die meisten die „Auf-dem-Wege" sind, tatsächlich bereit dazu, EHRLICH zu sich selbst zu sein und loszulassen, wenn sie doch nur ganz genau wüssten, dass alles GUT ausgeht!!! (Freundliche Grüße von Kuthumi...)

Wie geht es jetzt weiter?

Ich weiß ES noch nicht – aber das gehört eben dazu, glaube ich, auf jeden Fall werde ich meinen TURBO-GANG zusammen mit meiner Göttlichkeit und GNOST einlegen – und mich überraschen lassen – in spielerischer Leichtigkeit.

Ich will nun nicht behaupten, dass ich aus allem raus bin, dass kann ich auch gar nicht – denn erst das Leben wird mir die Antworten darauf wieder geben, ob ich WIRKLICH und WAHRHAFTIG loslassen kann.

... aber eines ist für mich nicht mehr annehmbar: In diesem „alten“ Spiel der Dualität des Energie-Klauens weiterhin eine große Rolle zu spielen.

Die Essenz aus der Botschaft meiner Göttlichkeit lautet für mich: EIN ganz klares NEIN zum begrenzten Leben, auch wenn das JA zum Leben die Voraussetzung für Fülle ist...

... Aber ein deutliches NEIN zum „Alten“ kann sich in der NEUEN ENERGIE in ein spielerisches JA verwandeln!

Liebe Jona Mo, ich danke dir für dein liebevolles Zusammenspiel mit mir in diesen zwei Tagen und würde es sehr passend finden, wenn du meine Botschaft auf deiner Webseite veröffentlichst... Es ist natürlich deine Entscheidung, aber ich glaube, wenn der Inhalt meiner „Anfrage“ an dich auch mit veröffentlicht wird, kann die „schwere“ Energie, mit der ich die Fragen gestellt habe, ersichtlich werden, aber erst im Kontext zu der Antwort.

Danke für alles, und wenn es dich interessiert, werde ich es dich wissen lassen, was aus meiner so lang ersehnten Selbstständigkeit mit meinem eigenen hübschen Büro geworden ist...

Liebe Grüße und nochmals DANKE, dein Klaus

PS: Erst jetzt erkenne ich was ich da eben geschrieben habe...

... werde ich dich wissen lassen, was aus meiner so lang ersehnten Selbstständigkeit mit meinem eigenen hübschen Büro geworden iST...“

Einen weiteren Tag später kam zu meiner großen Freude dieser Nachtrag mit den ersten Erfolgen von Klaus, über den ich mich sehr gefreut habe und der die Wirksamkeit eines veränderten Bewusstseins deutlich zeigt:

Hallo Jona Mo, stell dir vor, es ist etwas Wundervolles passiert...

Meine Leichtigkeit hat sich auf meine Frau und meine Tochter übertragen... (obwohl keine von beiden mitbekam, was ich gemacht habe).

Meine Tochter hat sich gestern Bachblüten ausgesucht ... aber ohne sie zu nehmen, einfach wieder weggestellt und vertraut, dass ich ihr die Flasche fertig mache... Habe ich aber nicht, weil die Energie einfach übersprang und sie total lebenslustig davon sprang und noch immer ein innerliches Lächeln auf Ihren Lippen hat...

Und meine Frau, immer SO anstrengend und überkorrekt ... fängt auf einmal an, mit ihren Hüften zu tanzen und reißt einen Witz nach dem anderen.

Und eben kommen wir von einem Möbelhaus – neuen Teppich aussuchen... NEUE ENERGIE unter den Füßen, witzig oder?

UND wir haben uns zusammen eine kleine Ente zum Spielen gekauft, einfach nur so!

Das Fantastische für mich ist mit anzusehen, dass auch alles ohne Worte fließen kann... Denn keiner wusste von meinen beiden Tagen!

Ja, ich würde mich sehr freuen, wenn du alle drei Teile veröffentlichst!

Bis bald, liebe Grüße – Klaus

Es geht noch weiter. Nach einer Woche teilte Klaus mir freudig seine neuen Erkenntnisse mit:

Liebe Jona Mo!

... es ist viel geschehen in den letzten Tagen...

Ich habe einmal die Energie „Verantwortung" für mich geklärt.

Folgendes ist dabei herausgekommen:

Verantwortung = „Ver-ANTWORT-ung" ... JA ich habe die „ANTWORT" in mir, sobald ich wieder die VerANTWORTung für mein Leben übernehme.

Ich dachte lange Zeit, dass Verantwortung ausschließlich bedeutet, zu seinen eigenen Fehlern zu stehen und niemand anderem die „Schuld" dafür zu geben... Aber es bedeutet etwas ganz anderes...

... Es bedeutet die ANTWORT nicht irgendwo da draußen zu suchen ... denn dann gibst du deine Balance weg und MUSST da draußen suchen. (Klar, war ja alles bekannt, aber wenn es erst mal „Wirklichkeit" wird, hat es eine ganz andere Qualität.)

... aus „BITTE BITTE Gott" oder „Hoffentlich" ... ist auf einmal „AND

SO IT IS" geworden ... in Worten nicht wirklich zu übermitteln.

Göttliche Souveränität ist in mir eingezogen und begleitet mich nun täglich... Da ist auf einmal keine Spur von ANGST mehr vorhanden?!

Eines ist mir noch wichtig zu sagen... Dem Austausch mit dir habe ich es zu verdanken, dass meine geschriebenen Worte eine Lebendigkeit erhalten, die ich so noch nicht wahrgenommen habe...

D A N K E !

... Ich reite immer noch auf der Welle der Kollision vom letzten Montag. Unendliche Potenziale tun sich auf (Shoud 6 St. Germain zur Kollision[13]), mit denen ich nun in spielerischer Leichtigkeit umgehe...

Auf einmal tauchen auch die „alten" Potenziale wieder auf, die ich schon auf Eis gelegt habe – aber nun will ich nichts mehr von ihnen haben, sondern spiele damit.

Alles Liebe von Klaus"

Auf die weiteren Erlebnisse dürfen wir gemeinsam neugierig sein ...

---

[13] Siehe Text von St. Germain in Shoud 6 auf der Seite shouds.de.

Ein Jahr des Quantensprungs

Die Durchgaben unserer Geflügelten – wie ich die Wesen jenseits des Schleiers gerne nenne – bezeichnen das Jahr 2007 als das Jahr des Quantensprungs. Tobias nannte uns sogar das Datum: 18. September 2007.

Was hat es mit diesem Quantensprung eigentlich auf sich?

Ganz sicher werden keine Ufos kommen und uns aus unserem ach so furchtbaren Schicksal erlösen. Niemand wird uns eines Tages in den Himmel heben und erretten. Das müssen wir schon selber tun.

Und jetzt können wir es sogar – leichter als jemals zuvor!

Dieser Quantensprung – es ist ein Quantensprung unseres Bewusstsein. Wir haben die Möglichkeit, unsere bisherigen Begrenzungen aufzuheben und wieder Schöpfer unserer eigenen Realität zu sein. Der Film „What the bleep do we (k)now? – Ich weiß, dass ich nichts weiß"[14] zeigt uns diese Tatsache sehr eindrucksvoll.

Mein persönlicher Quantensprung begann bereits vor einigen Jahren. Auch wenn ich gestehen muss, dass diese Jahresankündigung für mich nichts weiter war als ein Joke der geistigen Welt, um uns auf der Erde bei Laune zu halten ...

... BIS zum 13. März 2006!

An diesem Tag bekam ich einen sehr eindrucksvollen Beweis für dieses Jahr – sogar für das Datum des 18.9.2007.

Es begann damit, dass unsere DSL-Anlage nicht mehr auf mein Passwort reagierte. Es zeigte mir immer wieder die Meldung, dass es nicht stimmt. Obwohl ich mir hundertprozentig sicher war.

Nun gut, das kann ja schon mal vorkommen. Doch auch mein Handy spielte an diesem Tag verrückt. Es kannte ebenfalls mein Passwort nicht.

Einen Tag später ... ich versuchte es wieder. Nichts – das Gleiche wie am Vortag. Immerhin reagierte mein Handy wieder.

Am nächsten Morgen startete ich den Computer und war zu allem bereit – notfalls zu einem Neustart der DSL-Anlage mit Datenverlust.

Schon vor dem Start bemerkte ich, dass die Power-Anzeige der Anlage blinkte, was ich jedoch noch als völlig normal ansah. Ich öffnete das Programm – und, oh Wunder, das Passwort funktionierte!

---

[14] Dieser Film lief seit 2006 erfolgreich in vielen Kinos bzw. auf DVD und zeigt sehr beeindruckend, wie das menschliche Bewusstsein die Realität erschafft - siehe auch die Webseite bleep.de.

Doch nun wird es wirklich spannend...

Beim Öffnen der Telefonliste glaubte ich tatsächlich meinen Augen nicht zu trauen. Ich wusste genau, wir hatten den 15. März 2006, doch nach dieser Liste waren wir bereits seit zwei Tagen im Jahr 2007. Um genau zu sein: Unser – zumindest technischer – Quantensprung hatte begonnen mit dem 18. September 2007.

Ab diesem Zeitpunkt bewegte sich auch in meinem Leben so einiges, was in dieses Buch mit eingeflossen ist.

Die Dunkelheit und das Licht – eine neue Geschichte

Im Mai 2006 tauchte die folgende Geschichte eines Morgens in mir auf. Sie machte mir verständlich, wie Neue Energie entsteht und was unser Quantensprung tatsächlich bedeutet.

Wir beziehen unsere Energie nicht mehr aus dem Kampf der Gegensätze, aus ihrer Reibung, sondern aus ihrer – neuen – Vereinigung IN uns selbst. Diese neue Energie dehnen wir dann einfach nur in alle Richtungen aus ... mit Hilfe unseres Atems. Ein Gefühl, das nicht linear ist, sondern multidimensional.

Das Licht fühlte sich auf einmal nicht mehr so, wie es sich bisher gefühlt hatte. Es war ihm, als ändere sich etwas in seiner Energie. Es fühlte sich missbraucht, ausgenutzt als Werkzeug.

Es fühlte tief in sich, dass es das nicht mehr wollte. Dieses Kämpfen, es kostete einfach zu viel Energie und war außerdem sehr ermüdend. Und es fühlte sich überhaupt nicht mehr passend an. Irgend etwas war anders als die Äonen zuvor. Irgend etwas war geschehen, wodurch es nicht mehr kämpfen wollte. Aber was?

Das Licht war nicht mehr nur das Licht. Ihm war, als vermische sich eine andere Energie mit ihm. Eine Energie, die ihm sehr bekannt und doch neu war. Eine Energie, die sich anfühlte, als wäre es seine eigene, fast wie eine Wiedervereinigung, doch wie konnte das sein?

Das Licht fühlte auch, dass es seine Aufgabe, das Licht zu sein, nun beendet hatte. Es war müde von all den Kämpfen – gegen das Dunkle. Das Dunkle? DAS war es, was es plötzlich spürte. Dieses Dunkle ... und es war ihm, als wäre es auch ... das Licht.

Dieses neue Gefühl, das irgendwie auch ein Phänomen war, wollte das Licht nun ergründen. Was war geschehen, dass es sich plötzlich so anders fühlte, vollkommener als vorher?

Es beschloss einfach, all die alten Vereinbarungen zu lösen, die es einst eingegangen war und begab sich auf eine Reise. Es suchte die Dunkelheit, um sie zu fragen, was sich verändert habe...

Die Dunkelheit fühlte sich ebenfalls müde, müde vom langen Kämpfen. Es kam ihr wie eine Ewigkeit vor und sie spürte eine Veränderung in ihrer Energie. Eine Veränderung, die ihr wie eine Rückkehr nach Hause vorkam. Doch wie konnte das sein? Was hatte diese Veränderung verursacht?

Sie beschloss, alle alten Verträge aufzulösen und nach der Ursache dieser Veränderung zu suchen ...

Es war im Jahr 1999 in der Zeitrechnung auf dem Planeten, der die Erde genannt wird ... oder auch Gaia. Die Energie hatte ein Level erreicht, an dem einige Menschen eine Veränderung in sich spürten. Sie waren des Kämpfens gegen die Dunkelheit müde. Sie spürten, dass etwas nie zuvor da Gewesenes in ihnen vorging – dass sie ... sich allein fühlten wie nie zuvor. Sie hörten keine Stimme mehr im Innern, die ihnen sagte, was sie tun sollen. Sie glaubten gar, dass sie völlig abgetrennt seien von allem, ja sogar von Gott.

Dieses sehr ungemütliche Gefühl sollte sich bald aufklären, denn sie bekamen eine Botschaft. Nicht wie bisher aus der Sicht von anderen geistigen Wesenheiten jenseits des Schleiers, nein – dieses Mal kam es direkt von ihnen selbst und wurde übermittelt durch ein geistiges Wesen namens Tobias. Bei allem, was er ihnen erzählte, fühlten sie sich sofort zu Hause. Alles, was sie hörten, war ihnen vertraut und weckte Erinnerungen in ihrer Seele. Sie selbst erwachten wie aus einem tiefen Jahrtausende langen Schlaf...

Sie erfuhren, dass es nun Zeit ist aufzuwachen, um weiterzugehen, um den Weg in die Neue Energie für sich und andere zu bahnen. Um Wegbereiter zu sein. Alles in ihnen schrie ein lautes JA – doch zum Glück wussten sie zu diesem Zeitpunkt noch nicht, worauf sie sich da wirklich einließen...

Diese wenigen Menschen gingen nun also in die *Neue Energie*, ohne zu wissen, was das eigentlich bedeutete. Sie lernten nach und nach neue energetische Gesetze kennen. Sie waren so neu, dass sie alles, was sie bisher mühsam gelernt hatten, einfach wieder vergessen sollten. Und schnell merkten sie, dass dieses Vergessen gar nicht so einfach war, wie es am Anfang vielleicht schien.

Da hieß es, alle alten Heilmethoden zu *vergessen*, denn alles ginge jetzt völlig anders und viel leichter. In der Neuen Energie brauche niemand mehr geheilt zu werden, denn jeder wäre schon heil, nur würde er es manchmal noch nicht zulassen oder erkennen. Aus Gründen, die er sich selbst gewählt hat.

Es hieß auch, alles zu akzeptieren, wie es ist. Vor allem den Willen anderer Menschen, die sich aus bestimmten Gründen ganz bestimmte Erlebnisse erschaffen hätten, um daran zu wachsen. Wieder etwas, das für so manche dieser Pioniere sehr schwer in die Tat umzusetzen war. Bisher wollten und sollten sie doch immer helfen – und nun kehrten sich diese Gesetze ins Gegenteil um?

Weiterhin hieß es, den *Göttlichen Willen* entscheiden zu lassen, nicht den menschlichen. Oje, das war schon ein harter Brocken für diese Vorreiter. Denn keiner von ihnen hatte es bisher tatsächlich geschafft, seinen eigenen Willen aufzugeben – so sehr er oder sie das auch versucht hatten. Viele meinten nun, vielleicht auf dem falschen Weg zu sein, denn das ginge ja nun doch zu weit. Andere über sich entscheiden zu lassen – nein, das wollten sie auf keinen Fall...

Doch einige von ihnen ließen sich auf dieses neue Spiel ein ... und erkannten allein durch ihre Bereitschaft, dass dieser *Göttliche Wille* doch etwas ganz anderes war als das, was sie bisher glaubten. Es war ... der *Göttliche Wille* IN ihnen. Und es fühlte sich zwar neu, aber doch irgendwie wunderbar an. Sie fühlten sich auf eine ganz neue Weise geführt und beschützt, nicht mehr von außen, sondern von sich selbst. Das also war dieser *Göttliche Wille*. Und die, die sich darauf einließen, erfuhren eine so grandiose und perfekte Führung in ihrem Leben, dass ihr Vertrauen größer und größer wurde – zu sich selbst!

Die Lektionen gingen weiter und weiter, bis diese Menschen, die sich früher einmal Lichtarbeiter nannten, weiter aufgeklärt wurden über die Gesetzmäßigkeiten und das Leben mit der Neuen Energie. Sie erfuhren, dass dieser *Göttliche Wille* von ihnen selbst kam und dass etwas sehr Wichtiges passiert sei: ihre *Göttlichkeit* sei aus einem Äonen langen Schlaf erwacht. Zuerst hätten ihre Geistführer und Schutzengel zur Seite treten müssen, um Platz zu machen. Um ihrer Göttlichkeit zu ermöglichen, ganz und gar in ihre eigene Energie zu kommen und eine vollkommene Verbindung mit ihnen einzugehen, denn nur so sei der Weg in die Neue Energie erst möglich.

Nun erfuhren diese Menschen, dass sie bereits vor 2000 Jahren eine Vereinbarung getroffen hatten, in dieser Zeit wieder zusammenzukommen, um ihre Funktion als Wegbereiter zu erfüllen – Wegbereiter in die Neue Energie. Sie fühlten sich einerseits wie eine Familie, doch andererseits spürte jeder, dass er ein eigenständiges Wesen sein wollte.

Wichtige neue Hilfsmittel wurden ihnen nahegebracht. Das wichtigste und gleichzeitig auch das einfachste für das Funktionieren in der Neuen

Energie: *erlauben* und statt dessen *aufhören zu kämpfen.*

Ebenso hieß es Abschied nehmen von festgesetzten Endergebnissen im Leben. Agendas[15] hätten keine Funktion mehr in der Neuen Energie. Das Leben würde im Jetzt, im *Göttlichen Augenblick* stattfinden – und alles würde genau dort ankommen und zu finden sein.

Schöpfung funktionierte tatsächlich auf einmal völlig anders, jegliche Anstrengung führte zum Gegenteil. Das sollte nun *einfach* sein? Nein, das war es ganz und gar nicht! Denn jahrzehntelang Gelerntes und Gewohntes sollte nun *ent-lernt* werden... Es war und ist immer noch die größte Herausforderung für diese Menschen.

Die Neue Energie wurde mehr und mehr erschaffen und vieles veränderte sich, erst einmal für diese Vorreitergruppe.

Für manche wurde das Leben erst einmal unbequemer, doch nur deshalb, weil sie nicht aufhören konnten zu kämpfen. Sie trauten diesen neuen Gesetzmäßigkeiten noch nicht und versuchten es immer noch mit den altbewährten Methoden.

Einige gaben unterwegs einfach auf und gingen auf ihren alten Wegen weiter. Zwar meistens nicht zu ihrer Zufriedenheit, aber es war ihnen gleich, und so wählten sie für sich erst einmal den langsameren und längeren Weg.

Viele jedoch preschten weiter voran und nahmen alle Hürden auf ihrem Weg in Kauf. Sie spürten einen so großen Drang in sich, nun endlich in die Neue Energie zu kommen, dass sie nichts davon abgebracht hätte weiterzugehen. Sie änderten ihre Gewohnheiten, sie lösten sich sogar teilweise von ihren Familien und ihren Jobs. Und ... sie bekamen ihren Lohn dafür – von sich selbst. Sie machten immer öfter die Erfahrung, wie sich bewusste Schöpfung anfühlt. Das spornte sie an weiterzumachen auf diesem Weg. Denn er fühlte sich immer noch passend für sie an und wurde mehr und mehr zu *ihrem eigenen Weg*.

Für diese Vorreiter sollte nun eines Tages die große Veränderung anstehen. Der *Göttliche Wille* war längst integriert und prägte das Tagesgeschehen. Doch nun wurde ihnen etwas gesagt – wieder von ihnen selbst – das sie bis in tiefste Tiefen erschütterte und erstaunte. Es

---

[15] Agenda hier = ein festgesetztes Endergebnis

ging darum, dass in der Dunkelheit GOTT – die *Göttlichkeit* existiert.

Das war für einige einfach zu viel. Ihr Verstand übernahm die Führung und sie meinten, nun doch eine falsche Richtung eingeschlagen zu haben. Wie konnte Gott ausgerechnet in der Dunkelheit wohnen? Nein, das konnte nicht möglich sein.

Ein paar jedoch dachten: „Oder vielleicht doch?" Und sie fühlten gemeinsam mit ihrer Göttlichkeit dieser Möglichkeit nach ...

Die Dunkelheit und das Licht trafen an diesem Punkt in der Ewigkeit zusammen und nahmen sich das erste Mal bewusst wahr. Jeder von ihnen merkte, dass er gleichzeitig auch den anderen in sich spürte.

Ihre Erinnerung kehrte plötzlich in vollem Umfang zu ihnen zurück. Sie *wussten* wieder, dass sie im Grunde einer einzigen Energie entstammten. Sie hatten sich geteilt...

Ihnen wurde klar, dass sie seit Äonen nur ein Dimensions-Spiel gespielt hatten. Ein Spiel, zu dem sie sich einst bereit erklärten, um Erfahrungen überhaupt erst möglich zu machen. Die Erfahrung verschiedener Aspekte einer einzigen Energie.

Nun ging dieses Spiel seinem Ende zu – und sie konnten endlich ihre Waffen niederlegen. Niemand brauchte mehr um die Energie des anderen zu kämpfen. Denn jeder hatte sie schon integriert.

Ein neues Spiel hatte begonnen, in dem sie nur gemeinsam spielen konnten – das Spiel der Neuen Energie ...

Dies alles konnte geschehen, weil einige der Pioniere der neuen Energie ihre alten Wege verließen. Sie ließen sich darauf ein, ihre eigene Dunkelheit und ihr eigenes Licht zu vereinen und nur noch mit ihrer eigenen Göttlichkeit sie selbst zu sein. Sie lösten sich sogar vom großen Netz, um frei und unabhängig ihren Weg zu finden. Durch ihre ständige Bereitschaft zur Veränderung in die Neue Energie entwickelte sich in ihnen ein ganz neues Gefühl. Es war ein Gefühl, das ihnen einerseits sehr bekannt vorkam und Erinnerungen tief in ihrer Seele weckte – und andererseits sprengte es alle bisherigen Glaubenssätze.

Es war das völlig neue Gefühl des EinsSeins – des EinsSeins mit sich selbst und gleichzeitig auch mit Allem-Was-Ist. Neu war jetzt auch Alles-Was-Ist. Es hatte eine völlig andere Energie als bisher. Es war ... vollständig ... es hatte den *verlorenen Sohn* und die *verlorene Tochter* integriert.

Das Licht hatte sich mit der Dunkelheit vereint. Es konnte seine alten Spiele beenden und seine Verträge auflösen. So waren beide nicht mehr an ihre Rollen gebunden und konnten frei sein, frei für eine gemeinsame Energie – nun waren sie wirklich Alles-Was-Ist.

TEIL VII: ANHANG

Atme und lebe!

Sauge das Leben förmlich in dich hinein, wenn du dir bewusst bist, dass du es wirklich wählst – und zwar für DICH.

So wie ein Kamin eine gute Durchlüftung braucht, um richtig brennen zu können, genauso braucht dein Körper deinen Atem – als ständig wiederkehrenden Impuls zum Leben.

Atem ist Bewegung von Energie. Und – er ist pure Lebenskraft für deinen Körper. Willst du, dass er dich und deine Lebensprozesse unterstützt und mit voller Kraft für dich da ist? Dann sag es ihm so oft es geht – klar und deutlich ... mit deinem Atem!

Nimm einen tiefen Atemzug ... bis in deinen Bauch hinein ... und beobachte erst einmal das Ein und Aus ... ohne Kontrolle ... erlaube dir diesen freien Fluss.

Wenn dir wirklich klar ist, dass du – für DICH – das Leben wählst ... dass du LEBEN willst, dann ist es wichtig, dies auch deinen Körper wissen zu lassen. Wie? Ganz einfach: Atme ... JA ... und immer wieder hingebungsvoll JA ... in Dich hinein. Dein Körper ist dein wichtigster Partner, der dieses JA von dir braucht – immer und immer wieder!

Du willst also leben? Gut, dann kommen wir zum nächsten Schritt: die Verbindung mit deinem Wahren Selbst – deinem göttlichen Anteil.

Um dich wieder vollkommen mit diesem Teil in dir zu verbinden, ist es wichtig, dass du dies bewusst wählst. Bedenke, DU bist der Schöpfer, DU bestimmst somit auch über dich und deine Realität.

Der nächste Schritt ist also, diese Verbindung wieder herzustellen – ganz einfach ... über deinen Atem.

Nimm wieder einen tiefen Atemzug ... und erlaube nun deinem göttlichen Selbst diese Verbindung mit dir. ES atmet dich – und DU atmest ES... Hole es aus der Nebelwand heraus ... und zu dir hinein.

Dabei wirst du nach und nach diese Verbindung wieder spüren können, mehr und mehr ... stärker und stärker. Du wirst einen tiefen Atemzug nehmen – eine Frage stellen – und plötzlich die Antwort wissen!

Ja, auch du kannst das erreichen! Das einzige, was du dafür brauchst, ist Geduld mit dir selbst und etwas Übung...

Warum es nicht schneller geht, willst du wissen? Was meinst du würde passieren, wenn du beispielsweise lange im Bett gelegen hast und dann einen Marathonlauf beginnst? Richtig – du würdest es nicht lange durchhalten und schon bei den ersten Schritten an Kraft verlieren.

Genauso geht es nun auch deinem Körper ... deiner Seele ... deinem ganzen Sein. Du warst sehr lange nicht mehr vollkommen mit deinem göttlichen Anteil verbunden, sondern nur zu einem sehr geringen Teil. Und nun beginnst du ihn mit deinem Atem wieder zu integrieren ... dir bewusst zu machen, dass du Gott in einem menschlichen Körper bist.

Schenk dir selbst und deinem Körper einfach ein wenig Zeit für diese Wiederverbindung in dir. Je öfter du dieses bewusste Atmen praktizierst und je mehr du es in dein Leben integrierst, um so leichter wirst du die Resultate spüren ... erleben und dich an ihnen freuen können!

Jeder Zweifel, jede Angst, jedes Gefühl, das in dir auftaucht und sich von dir verabschieden will ... atme es zuerst in dich hinein ... und lass es dann frei fließen ... direkt durch dich hindurch. Dadurch bringst du all diese Energien in Bewegung und schenkst ihnen und dir selbst eine neue Freiheit.

Und nun beginne damit! Fordere mit jedem bewussten Atemzug deine wahre Schöpferkraft zurück. Bedenke, sie hat dir immer gehört und wird dich von nun an überall hin begleiten. Mit diesem Bewusstsein kannst du deine Realität zu jeder Zeit bewusst erschaffen – frei nach DEINEN Wünschen!

Beginne DEIN eigenes Spiel und verändere deine Welt!

Anmerkung von mir: An dieser Stelle weise ich auch auf das Kapitel „Du veränderst die Welt“ hin, das dich immer wieder daran erinnert, wie wichtig gerade du in diesem Spiel bist.

Die klare Wahl als bewusstes Schöpferwerkzeug

Wir treffen täglich viele Entscheidungen, ohne uns dessen überhaupt bewusst zu werden. Meist lassen wir uns dabei von allen möglichen Glaubenssystemen leiten, die wir – ebenfalls unbewusst – von anderen übernehmen, ohne sie zu hinterfragen.

Wenn wir nun beginnen, klare Wahlen zu treffen – für uns selbst und unser eigenes Leben – dann setzen wir unser wahres Schöpferpotenzial frei. Wir beginnen ein Schöpferspiel, das UNSER Spiel ist und immer weniger ein Spiel, das andere mit uns treiben.

Was ist nun der Unterschied zwischen einer eigenen klaren Wahl und einer einfachen Entscheidung?

Wenn ich eine Entscheidung treffe, geschieht dies meist aus einer Notwendigkeit heraus. Weil ich entweder stehen bleiben muss oder nur einen bestimmten Weg weitergehen kann. Oft entscheiden dann auch noch andere Menschen oder Umstände über uns, weil wir es nicht selbst schaffen – gute Beispiele dafür sind Trennungen von Partnern, Druck durch Krankheit oder andere Umstände.

Auch ein Wunsch ist keine Wahl, denn er kommt meistens aus dem Bewusstsein des Mangels und bringt daher allzu oft nur Enttäuschung und Frust und keine wirkliche Veränderung.

Eine bewusste klare Wahl ist etwas sehr Umfassendes. Dabei bin ich mir voll und ganz bewusst, dass ich alles – wirklich alles – was diese Wahl in mein Leben bringt, akzeptiere. Sehr wichtig ist hierbei, dass ich diese Wahl nur für mich selbst treffe, niemals für jemand anderen. Denn jeder von uns hat das göttliche Recht, seine eigenen Wahlen für sich selbst zu treffen.

Bei einer Wahl setze ich eigene Potenziale frei, die in Form von Synchronizitäten oder Fügungen, Menschen und Gelegenheiten in mein Leben treten. Ich kann aus meiner eigenen Erfahrung sagen, dass ich nach einer bewussten Wahl bei der Realisierung zusehen kann – und dass allein schon dieses Beobachten wirklich Spaß macht. Ein guter Beweis dafür ist dieses Buch. Ich traf im Dezember 2006 die klare Wahl, es 2007 zu veröffentlichen und zwei Tage später fand ich den Verlag im Internet mit dem starken Gefühl: Das ist er! Alles Weitere lief dann sehr schnell und tatsächlich absolut mühelos...

Ich wünsche dir viel Erfolg bei deinen eigenen Wahlen!

Meine Angebote für dich

Mit dem Leben meiner Passion – die Menschen bewusst in den Kontakt mit ihrem Göttlichen Selbst zu bringen und damit zu sich selbst zu führen – habe ich mir einen Traum erfüllt, den ich vor einigen Jahren noch nicht für möglich gehalten hätte. Seitdem hat sich mein Leben vollständig verändert und ich kann sagen: Ja, ich habe wirklich mein Glück gefunden!

Ein für mich sehr wertvoller Lehrer auf meinem Weg in die neue spirituelle Energie war Tobias, der seit 1999 durch Geoffrey Hoppe vom Crimsoncircle gechannelt wird. Hier hörten für mich alle alten Wege auf und die neuen – mühelosen – begannen. Es war sofort, als wäre ich endlich zu Hause angekommen. Eine liebevolle Führung ohne die sonst übliche „rosa Soße" und vor allem – für mich sehr wichtig – ohne erhobenen Zeigefinger und die üblichen Bewertungen von richtig oder falsch. Spiritualität kann tatsächlich sehr viel Spaß machen – und wie es das kann! Das Wichtigste für mich ist und bleibt die vollkommene Freiheit und Eigenverantwortung für mein Leben.

Mein allerbester Lehrer ist jedoch immer noch das Leben selbst und all meine Erfahrungen und Entwicklungsprozesse. Dadurch habe ich etwas sehr Wichtiges gelernt, für das es kein Zertifikat gibt: das mitfühlende Verständnis für die unterschiedlichsten Situationen – und die Erfahrung, dass eine komplette Veränderung des Lebens tatsächlich möglich sein kann.

Alle meine Angebote sind aus diesem Prozess des Lebens gemeinsam mit meinem göttlichen Selbst entstanden und sollen dir helfen, nun in deine eigene Energie zu finden – und in die Leichtigkeit der neuen spirituellen Energie.

Von Gott zu Gott – das heißt ganz einfach: Du und ich, wir sind Gott und haben es nur in diesem Spiel vergessen.

Gerne begleite ich dich – in meinen Seminaren zusammen mit Peter – ein Stück auf deinem Weg zu dir selbst. Hierfür gibt es mehrere Möglichkeiten, unter denen du wählen kannst. Meine Angebote werden ständig erweitert, und du findest sie ausführlich und aktuell auf unserer Webseite www.gott-in-dir.de.

Beratungen von Gott zu Gott

Wenn du eine persönliche Frage an dein Wahres Selbst hast, dann verbinde ich mich mit dieser Energie in dir und du bekommst die Antworten aus dieser Verbindung. Eine solche Botschaft kann dir dabei helfen, dein göttliches Selbst zu spüren und eine bewusste Verbindung aufzubauen.

Diese Beratung biete ich auf dem schriftlichen Weg über Emails und auch über Briefkontakt an, falls du keinen Internetanschluss hast. Meine aktuelle Adresse findest du über meine Homepage www.gottindir.de.

Die Kosten betragen pro Seite 30 Euro.

Onlineseminare und ihre Vorteile

Onlineseminare haben gewisse Vorteile und werden immer beliebter. Denn sie bieten eine einfache und mühelose Möglichkeit, an einem Seminar teilzunehmen, ganz für sich selbst und ohne Einschränkungen des gewohnten Tagesablaufs.

Zum Beispiel:

keine Anfahrt und Unterbringung

- somit keine Zusatzkosten
- keine bestimmte Zeitbegrenzung
- leicht in den Alltag zu integrieren
- und darum erlebbare Resultate
- Kennenlernen anderer Teilnehmer online
- keine Vorstellungsrunde
- Seminarwert wird dauerhaft immer wieder verstärkt

In den Seminaren ist außerdem mindestens eine gemeinsame Energiesession für die Gruppe von Peter und ein Überraschungsgeschenk von mir – speziell zum Seminarthema – als Geschenk enthalten.

Bei einer persönlichen Energiesession mit Peter erlebst du eine Wiederverbindung mit deinem eigenen Göttlichen Feld. Du kommst also in Einheit mit Allem was du bist. Mehr dazu erfährst du auf Peters Webseite www.energiebeweger.de.

Onlineseminar zum Thema „Selbstwert und Geld"

Weißt du wirklich, was du dir selbst wert bist? Lebst du im

Wohlstand und brauchst dir um Geld keine Gedanken zu machen? Wenn dies nicht der Fall ist – dann könnte dieses Seminar dir zeigen, warum dies so ist.

Es geht hier darum, hinter die eigenen Hindernisse zu kommen und sie bewusst zu befreien. Du selbst wirst durch viele Aha-Erlebnisse wichtige Erkenntnisse machen. Deine Aufmerksamkeit wird bewusst zu dir und deinen Schöpfungen geführt. So kann deine Realität bewusst und wirkungsvoll verändert werden.

Wichtig ist deine Bereitschaft, sich auf dieses Spiel – dieses Experiment – mit dir selbst einzulassen und natürlich auch deine Freude an der aktiven Teilnahme.

Das Seminar besteht aus vier Sequenzen mit jeweils vier Botschaften, die nacheinander im Wochenrhythmus versandt werden. Der Preis wurde speziell für dieses Seminar sehr günstig angesetzt, um möglichst vielen Menschen die Teilnahme zu ermöglichen. Den aktuellen Preis erfährst du auf www.gott-in-dir.de.

Onlineseminar zum Thema „Beziehungen“

Hast du wunderbare und liebevolle Beziehungen zu anderen Menschen? Auch zu deinen Eltern, Kollegen, deinem Chef und anderen so genannten Führungspersonen? Lebst du eine ebenso liebevolle Beziehung zu dir selbst?

Sollte dies nicht der Fall sein – dann könnte dir dieses Seminar zeigen, warum dies so ist, warum verschiedene Menschen immer wieder das gleiche Spiel mit dir spielen. Und ... wie du es ändern kannst.

Es geht hier darum, den Sinn deiner großartigen Beziehungs-Spiele zu erkennen – und deine eigene Vater- und Mutterenergie wieder in dir zu vereinen. Erst dadurch kannst du alles sein, was du bist und wieder zurück in deine göttliche Kraft und Macht kommen. Du erlebst eine Reise zu dir selbst – und zu Allem-was-du-bist.

Welchen Weg wählst du? Deinen – oder den der anderen?

Du wirst durch viele Aha-Erlebnisse wichtige Erkenntnisse machen. Deine Aufmerksamkeit wird bewusst zu dir und deinen Schöpfungen geführt. So kann deine Realität bewusst und wirkungsvoll verändert werden.

Wichtig ist auch hier nur deine Bereitschaft, sich auf dieses Spiel – dieses Experiment – mit dir selbst einzulassen und natürlich auch deine Freude an der aktiven Teilnahme.

Das Seminar besteht aus zwei Sequenzen mit insgesamt acht Seminar-Botschaften, die nacheinander im Wochenrhythmus versandt werden. Den aktuellen Preis erfährst du auch hierfür auf www.gott-in-dir.de.

Die Playshops – Spielschule für neues Bewusstsein

Diese Form von energetischen Spielen entwickelte ich zusammen mit Peter – genau so, wie ich es im Buch beschrieben habe. Da sie mit spielerischer Leichtigkeit und fast ohne Planung im Jetzt laufen, bekamen sie die Bezeichnung Playshops.

Begonnen haben wir mit Aufstellungen, die viele inzwischen kennen. Der Unterschied: Wir spielten nicht mit den Energien von Menschen, sondern nur mit den eigenen Anteilen, wie zum Beispiel der Freude, dem Verstand, dem Gefühl und auch der Wut und ähnlichen Energien. Die Teilnehmer staunten jedes Mal, wie harmlos diese Energien im Grunde sind, vor allem wenn sie nicht abgelehnt werden.

Mittlerweile haben sich unsere Playshops zu etwas völlig Neuem entwickelt und verändern sich ständig weiter. Hier zeigt sich immer wieder sehr deutlich, wie einfach und wirkungsvoll Energien in Bewegung gebracht werden können.

Aus den anfänglichen Playshops ist das Seminar „Sei Du selbst – und lebe Dein Leben!“ entstanden, in dem die Teilnehmer spielerisch, einfach und ganz bewusst verschiedene Energien erlösen können, wenn sie bereit dazu sind.

Feedbacks von Teilnehmern, Spielbeispiele und aktuelle Termine erfährst du auf meiner Webseite www.playshops.de.

Bewusstseins-Seminar: SEI DU SELBST – und lebe DEIN Leben!

Bist du mit den meisten Situationen in deinem Leben zufrieden? Bestimmst du dein Leben selbst? Fällt es dir leicht, dich zu entscheiden – für dein eigenes Glück?

Wenn du jetzt nicht mit einem klaren und deutlichen JA antworten kannst, dann könnte dieses Seminar-Wochenende der erste Schritt in dein eigenes Leben sein! Du hast die Wahl...

In diesem Seminar geht es darum, Fremdbestimmungen und blockierende Glaubenssysteme zu erkennen, energetisch zu (er)lösen ... und somit endlich zum Schöpfer der eigenen Realität zu werden.

Es ist ganz sicher ein Wochenende mit einigen Überraschungen und Spielen für dein Bewusstsein – und vor allem eines: viel Spaß! Dein Bewusstsein wird auf jeden Fall nicht mehr das gleiche sein wie zuvor...

Während des Seminars gibt es spezielle Seminar-Botschaften für die Gruppe, die nur an die Teilnehmer verteilt werden.

Ein außergewöhnliches Erlebnis während des Seminars wird die Energiebewegung von Peter sein, die erfahrungsgemäß jeder Teilnehmer anders empfindet. Lass dich einfach überraschen.

GlücksSteine mit deinem persönlichen Schlüsselsatz und Symbol

Beschenke dich selbst oder liebe Menschen mit einem ganz besonderen Begleiter: deinem persönlichen GlücksStein, der dich immer an dein wahres Zuhause erinnert – an das, was du wirklich bist ... ein göttliches Wesen in einem menschlichen Körper.

Diese Aufforderung meines Göttlichen Selbst hat mich äußerst stark erreicht: GlücksSteine zu beschriften mit einer Botschaft deiner Göttlichkeit – deines Wahren Selbst. Bei einem Spaziergang an einem Fluss sprachen sie mich dann förmlich an, sie mitzunehmen...

Dein eigener, nur für dich allein gefertigter GlücksStein wird deine ganz persönliche Botschaft tragen – einen Schlüsselsatz für deinen momentanen Lebensweg.

Er wird dich motivieren und dir helfen, dein Glück in diesem Lebensspiel zu finden ... und dich daran erinnern, was für dich wichtig ist. Lass dich einfach überraschen.

Zusätzlich trägt der Stein deinen Schlüsselsatz als energetisches Symbol, damit nicht nur der Verstand, sondern auch deine Seele angesprochen wird.

Dein GlücksStein hat eine handliche Größe, so dass er leicht in deine Tasche passt und dich überallhin begleiten kann.

Welchen GlücksStein du bekommst und was du darauf finden wirst, entscheidet allein dein Wahres Selbst, dein Inneres, mit dem ich vorher und beim Beschriften Kontakt aufnehme und mit dessen Energie er verbunden wird.

Wenn du solch einen GlücksStein gerne haben möchtest, dann kannst du ihn per Email oder Brief bei mir bestellen.

Du kannst natürlich auch solch einen persönlichen GlücksStein einem lieben Menschen schenken. Bitte schreib mir dazu einfach seinen Namen, damit ich die Verbindung mit seinem Inneren, seinem

Göttlichen Selbst aufnehmen kann.

Ein GlücksStein kostet 10 Euro zusätzlich 3 Euro Versandkosten pro Sendung.

Mehr dazu auf meiner Webseite www.gott-in-dir.de

Seelen-Energie-Bilder und gemalte Seelensymbole

Eine Weiterentwicklung meiner GlücksSteine ist das persönliche Seelenbild, das ich in Acryl auf Leinwand im Format 24x30 cm male. Auch dabei gehe ich in Kontakt mit deinem Göttlichen Selbst und lasse aus dieser Verbindung Farbe und Form entstehen.

Die Information für die Seelensymbole und auch für alle meine Energiebilder kommen vorher als inneres Bild zu mir – und diese Farben und Formen bringe ich dann mit Acrylfarben auf Leinwand.

Auch das Bild zu diesem Buch zeigte sich vor meinem geistigen Auge bereits einige Tage bevor ich es dann auf die Leinwand malte. Dabei strömte derart viel Energie durch mich hindurch, dass mir im kalten Raum die Schweißperlen auf der Stirn standen und ich mich so heiß fühlte, als hätte ich Fieber.

Meine Bilder kannst du als Druck auf Fotopapier im Originalformat oder in einem größeren Format auch als Druck auf Leinwand mit Keilrahmen erhalten.

Dein persönliches Seelenbild bekommst du als Original in Acryl auf Leinwand gemalt im Format 24x30 cm zum Preis von 144 Euro.

Die Preise für die Kunstdrucke, alle nummeriert und handsigniert, erfährst du auf meiner Künstler- und Autorenwebseite www.jona-mo.de.

Dort kommen auch ständig neue Bilder dazu. Ich freue mich auf deinen Besuch!

Ich lade dich außerdem ein, die Begeisterung meiner Kunden und Klienten mit mir zu teilen auf unserem gemeinsamen Zuhause im Internet:

www.gott-in-dir.de

Suchregister zu Lebensthemen

Seitenzahlen in Klammern dahinter

Nachwort – und ein paar tiefe Gefühle

1987 – im Alter von 33 Jahren – wirbelte sich in meinem Leben alles durcheinander. Bis dahin gehörte ich zu den ganz *Normalen*, wie ich sie heute bezeichnen würde. Ich wollte unauffällig bleiben und tat meistens das, was von mir verlangt wurde – eben der allgemeinen *Norm* entsprechend. Was wollte ich mehr, ich hatte einen Mann, einen Sohn – und natürlich, wie andere auch, eine Menge Schulden. Es war ein Leben im *Gerade-mal-eben-genug*-Modus. Ich saß in einer Art Zufriedenheitsschleife und war mir nicht bewusst, dass es *da draußen* noch mehr geben könnte. Das viel zitierte Massenbewusstsein[16] hatte mich fest im Griff.

Eines Tages stand ich in einem Buchladen – und plötzlich fiel mir ein Buch aus dem Regal ... direkt vor die Füße. Es war von Erhard F. Freitag und handelte vom *positiven Denken*. Durch dieses Buch veränderte sich erstmals meine gewohnte kleine Welt und rüttelte mein Bewusstsein kräftig durcheinander. Nichts war mehr wie vorher. Ein ganz neues Freiheitsgefühl tauchte in mir auf. Ich machte endlich meinen Führerschein und fuhr das erste Mal in meinem Leben ganz alleine eine Woche lang in die Berge – fern von Familie, nur ein paar Bücher im Gepäck.

Diese Woche war eine einzige Entdeckungsreise – ja, und auch ein kleiner Quantensprung[17] meines Bewusstseins. Ich lernte mich und meine Gefühle kennen wie niemals zuvor. Ich spürte zum ersten Mal bewusst die Energien des Waldes ... umarmte die Bäume ... begrüßte die Sonne, noch bevor sie ihr Licht in die Welt schickte. Ich fühlte, wie es ist, außerhalb von Raum und Zeit zu leben – einfach nur zu SEIN. Der Wald wurde zu meinem Zuhause in dieser Woche. Es war ein unbeschreibliches Erlebnis, das ich niemals vergessen werde!

Weitere Bücher folgten, die ich alle förmlich in mich aufsaugte. Und mit jedem weiteren Buch öffnete ich Welten in mir, die ich vorher niemals wahrgenommen hatte.

---

[16] Das Massenbewusstsein bezeichnet die gesamte Energie der Menschheit, die wie ein großes Netzwerk miteinander verbunden ist und uns unbewusst beeinflusst.

[17] Im Maya-Kalender wurde der Quantensprung des Bewusstseins für das Jahr 2012 vorausgesagt. Inzwischen wurde uns in einigen geistigen Durchsagen der September 2007 genannt. Dieser Quantensprung bezeichnet eine Verlagerung, eine Öffnung des Bewusstseins, das alle Menschen erreichen werden. Das einzige, das dabei passiert, ist, dass wir uns wieder an unsere vergessenen Fähigkeiten erinnern.

Und ich öffnete noch etwas – meine Liebe zu mir selbst ... und sogar eines Tages, im Oktober 1988, die Tür zum Herzen meines Seelenpartners. Wir kannten uns schon lange, unsere Familien waren sogar befreundet. Und doch hatten wir uns niemals mit DIESEM Bewusstsein gesehen. Wir hatten uns nicht erkannt – bis zu diesem Zeitpunkt.

Ich tat etwas, das ich in meinem *alten Leben* niemals tun wollte: Ich trennte mich von meinem ersten Mann. Ich begann nun endlich wirklich MEIN Leben zu leben. Diese Entscheidung war die erste in meinem Leben, die ich wirklich für MICH traf. Ich wusste genau – niemand konnte sie mir abnehmen. Niemand konnte mir sagen, was für mich jetzt gerade das Richtige war. Doch trotz aller Schwierigkeiten, die mir bevorstanden, wusste ich tief in mir, dass ich es tun musste. Denn dieser neue Weg war MEIN Weg.

Heute weiß ich: Es war die beste Entscheidung, die ich jemals treffen konnte. Ich lernte in dieser neuen Partnerschaft eine Liebe kennen, die ich vorher nur aus Romanen kannte. Die Wirklichkeit sah für mich bis dahin völlig anders aus.

Diese Liebe seit nunmehr 19 Jahren zu erleben, ist mein allerschönstes Geschenk in diesem Leben und ich bin sehr dankbar dafür. Wir haben uns gemeinsam zu dem entwickelt, was wir heute sind. Es ist ein wunderbares Gefühl, sich gemeinsam frei fühlen zu können – etwas, das früher jenseits meines Vorstellungsvermögens gelegen hätte.

Diese Freiheit in einer Partnerschaft bedeutet vor allem, dass jeder von uns sein eigenes Potenzial leben und ausdrücken kann ... dass wir füreinander da sind, wenn es wichtig ist – und trotzdem jeder in seiner eigenen Verantwortung steht. Wir können unser Leben miteinander teilen, ohne uns zu *brauchen*. Niemand von uns muss sich verändern, um die Erwartungen des anderen zu erfüllen.

Wie so etwas möglich ist, möchten viele von uns wissen. Nun – im Grunde wissen wir es selbst nicht. Wir haben einfach gelernt, aufmerksam zu sein – uns selbst und auch anderen gegenüber. Die Verantwortung für unser eigenes Glück liegt bei uns selbst. Niemand kann uns das geben, doch wenn wir dies einmal erkannt haben, kommen alle Geschenke von allein.

Peter sagte damals einen sehr wichtigen Satz zu mir: „Du musst deine Entscheidungen nur FÜR DICH treffen, für DEINE Veränderung. Ich kann dir nicht sagen, was die Zukunft für mich bringt.“ Später wurde mir klar, dass es tatsächlich um eine Entscheidung für MEIN Leben ging ... dass es um MEIN Glück ging.

1988, in der Phase der größten Veränderungen meines Lebens, fühlte ich mich wahrhaftig All-EIN. Allein mit mir und meinen tiefen Empfindungen. Ich lernte mich auf eine völlig neue Weise kennen – und lieben. Mir wurde klar, dass niemand anderer auf der Welt MEIN Leben lebt und niemand außer mir meine Gefühle fühlen kann. Wie sollte also – außer mir – jemand wissen, was für mich gerade das Beste ist?

In dieser Zeit habe ich aus meinen allertiefsten Seelenempfindungen heraus einige Gedanken aufgeschrieben. Ich möchte sie in diesem Nachwort mit dir, dem Leser dieses Buches, teilen.

Vielleicht machen sie dir Mut, wenn du an einem Punkt in deinem Leben bist, wo du nicht mehr weiter weißt. Ich freue mich, wenn sie vielleicht auch nur dafür hier stehen, um Dir bewusst zu machen:

Es lohnt sich zu LEBEN – FÜR DICH!

Ich habe
die Sicherheit meines Lebens,
meiner Beziehung
aufgegeben.

Aber erst dadurch
merke ich,
dass ich
meine Sicherheit
nur
in mir selbst
finden kann.

Ich bin im Tal
angekommen,
ganz tief unten.

Der Weg nach oben
scheint unüberwindlich,
aber doch irgendwie gehbar.

Ich mache mich auf,
ihn zu gehen.

Nur der Versuch
wird mir zeigen,
ob ich mein Ziel,
oben anzukommen,
erreichen kann ...
und
ob es sich gelohnt hat.

Stille um mich,
die mich erdrückt,
jedoch öffnet
für tiefe Gefühle
der Trauer und Sehnsucht
nach Geborgenheit
und Liebe.

Dunkelheit,
die mich umgibt,
tief in mich dringt,
meinen Schmerz
nach außen kommen lässt.

Ich spüre,
dass auch diese
dunkelsten Stunden der Nacht
zum LEBEN gehören.

Nur
durch dieses tiefe Empfinden
der Einsamkeit und Leere
lerne ich zu fühlen,
was GLÜCK ist.

Der Tod wartet,
dass du ihm die Hand reichst.

Aber
willst du ihm sagen,
du hast nie die Sonne gesehn?
Nie Freude gespürt
oder Zärtlichkeit?
Nie in den Wolken
geschwebt?
Nie dich vom Himmel
tragen lassen?

Dann
lass ihn noch stehn.
Erfülle dein Sein:
Komm ins LEBEN!

Ich gehe meinen Weg
allein,
voller Ängste,
voller Hoffnungen,
voller Erwartungen
an das Leben,
an andere.

Um diese Erwartungen
nicht in mir selbst zu enttäuschen,
muss ich mich öffnen,
geben,
um zu bekommen.

Verfolge den Lauf des Baches.
Es ist dein Leben.

Sieh hinauf zu den Sternen.
So grenzenlos bist du.

Spüre die Wärme des Feuers.
Es ist dein innerer Kern.

Zähle die Steine am Ufer.
So viele Möglichkeiten hast du.

Höre in die Stille
und tue,
was dir gesagt wird.

Stärke ist:

Leben aus mir heraus,
auch wenn sich die Welt gegen mich stellt.
Mein Innerstes veräußern,
auch wenn ich verwundet werde.
Meinen Weg gehen,
auch wenn er steinig ist.
Meinem Selbst auf die Spur kommen,
auch wenn es manchmal weh tut.
Das Schicksal annehmen,
auch wenn ich es nicht verstehe.
Eine Meinung haben,
auch gegen den Rest der Welt.
Weinen,
auch wenn alles um mich herum lacht.
Gefühle zeigen,
auch wenn ich auf Mauern stoße.
Auf dich zugehen,
auch wenn ich abgelehnt werde.

Manchmal
möchte ich gerne
schwach sein...

Glück ist:

sich zu spüren ...
jemanden zu lieben (auch sich selbst!) ...
geliebt zu werden ...
den Wind und die Sonne fühlen ...
sich zu verstehen, auch ohne Worte ...
ein Sonnenaufgang im Wald ...
ein Spaziergang im Morgennebel ...
im Wald, in der Abenddämmerung ...
strahlende Kinderaugen ...
anderen Freude schenken ...
mit Worten, Taten, Gaben ...
oder einfach nur
Dasein.

Aber Glück ist auch:
ein Sechser im Lotto?
Ein Haus?
Ein Auto?
Ein Segelboot?
Ein Flugzeug?

Vielleicht...

Sei Hauptdarsteller,
nicht Statist.
Sei Initiator,
nicht Imitator.
Lebe DEIN Leben,
nicht das der anderen.

Erst dann
werden dir
die Wunder des Lebens offenbart.
Und du wirst deine Rolle
erkennen
und auch spielen können.

Nimm sie an!

Danksagung

An dieser Stelle möchte ich ein paar lieben Menschen, die mich auf meinem Weg begleitet haben, von Herzen danken. Sie alle sind und waren wunderbare Mitspieler für mich.

Meinem geliebten Seelengefährten Peter verdanke ich die erste Idee zu diesem Buch. Niemand in diesem Leben hat mich jemals besser – mit dem Herzen – verstanden als er. Ich danke ihm vor allem für seine immerwährende Geduld mit mir und seine wirklich vollkommene Akzeptanz dessen, was ich bin und tue.

Auch meinem Sohn Christian möchte ich hier danken. Als Indigo[18] hat er immer schon seinen eigenen Weg in sich gewusst und sich niemals einem anderen Menschen wirklich untergeordnet. Er war damit schon als kleiner Junge ein Vorbild für mich, obwohl ich es damals noch nicht wahrhaben wollte und so manches Mal vergebliche Machtkämpfe führte. Heute kann ich sagen: Ich freue mich, gerade ihn als Sohn zu haben! Er war in meinem Leben oft ein Lehrer für mich und brauchte dafür keine Bücher, sondern nur die passenden Worte zur passenden Zeit. Auch wenn ich so manches Mal tief verletzt auf Abwehr ging – so musste ich im Nachhinein oft genug zugeben: Er hatte recht. Und wieder war ich einen Schritt weiter...

Von Herzen danken möchte ich auch meiner lieben Freundin und Seelenschwester Ina Martina Klein für ihren unermüdlichen Einsatz beim Korrekturlesen. Ich bin überzeugt, niemand hätte es so ehrlich und gleichzeitig so gefühlvoll machen können wie sie.

Meine Klienten – auch sie möchte ich hier in meinen Dank einbeziehen. Mit ihrem Einverständnis zur Veröffentlichung ist dieses Buch um einige authentische Kapitel reicher geworden. Erfahrungen aus ihrem Leben, die dir vielleicht gerade jetzt weiterhelfen können.

Abschließend danke ich Tobias und Geoffrey Hoppe sowie allen Übersetzern der Tobias-Texte, denen ich sehr viel an Erkenntnissen verdanke. Natürlich auch all jenen Menschen, die mir immer wieder Anstöße gaben, mein Leben zu verändern – und allen Menschen, die auf irgendeine Weise meine Seele berührt haben.

[18] Kinder einer neuen Generation, die von Lehrern oder Eltern oft als „verhaltensauffällig" bezeichnet werden. Sie kommen mit dem inneren Wissen um ihre göttliche Herkunft und spüren in sich den Auftrag, die alten Systeme zu verändern. Aus diesem Grund lassen sie sich dort auch nicht einordnen. Der Name Indigo wurde ihnen gegeben, da sie sich durch diese Farbe in ihrer Aura von an

Folgenden Spruch, den ich 1989 für Peter geschrieben habe, möchte ich auch dir mit auf deinen Weg geben:

Steig, Vogel, steig
über die Gipfel der Berge.
Nichts kann dir zu hoch sein!
Breite die Flügel aus
und bereite deinen Träumen ein Ende.
Dort oben
warten sie auf dich.

Deine Flügel,
die man dir gestutzt,
längst sind sie nachgewachsen.
Nun ist es an dir,
sie zu gebrauchen.
Breite sie aus –
und flieg!

Jona Mo

froh & frei Verlagsprogramm

Unser Angebot konzentriert sich auf das Thema Freiheit/Freude in den verschiedenen Lebensbereichen:

Die 7 Botschaften unserer Seele

Ella Kensington · 268 Seiten · 18,41 €

Endlich! Das Geheimnis der Lebensfreude ist entschlüsselt! Eine neue Freiheit steht nun jedem offen. Um das Geheimnis des Glücks zu erfahren, würde manch einer früher ein Vermögen hergegeben haben.

Mary - Die unbändige, göttliche Lebenslust

Ella Kensington · 346 Seiten · 18,41 €

Der Leser wird über die Gefühlssicherheit in das Geheimnis eingeweiht, sein Lebensglück frei zu empfinden und permanent zu entfalten.
Danach noch Probleme zu haben, ist fast unmöglich.

Mysterio - Überlege dir gut, was du dir wünschst! Es könnte in Erfüllung gehen.

Ella Kensington · 252 Seiten · 18,41 €

Die spannende und abenteuerliche Geschichte, die aus einem Internetspiel entsteht, zeigt, wie Glück und Lebensfreude auch in kritischen Situationen gelingt.

Die Kammer des Wissens

Ella Kensington · 317 Seiten · 18,41 €

Zeitaktuell: Kriegsentscheidung durch Angst des Präsidenten - Erdoberfläche unbewohnbar? - Hilfe aus der Zukunft - dramatische Suche nach legendärer Kammer - Glücksgefühl ersetzt Angst - dramatischer Wettlauf gegen die Zeit - drei ungewöhnliche Wahrheiten unsere Wirklichkeit!

Die Reise ins Licht

Sandra Braun · 72 Seiten · 21,47 €

Der Wunsch vieler Leser nach einer Verankerung des Glücksgefühls wird mit diesem Werk erfüllt. Fünf Meditationen auf CD und vier dazugehörige Meditationbilder helfen Zweifel, Stress, Ängste und Depressionen zu überwinden. Sehr hilfreich für Arbeitsgruppen in Kliniken.

Cosima - (M)ein verletztes Herz befreit sich

Cosima Thiel · 568 Seiten · 20,35 €

Eine Autobiografie für alle, die das Schweigen in Beziehungen endlich beenden möchten. Eine Fundgrube zur Entschlüsselung der tieferen Ursachen von Konflikten und Entwicklung der kommunikativen Kompetenz. Eine Erlösung des verletzten inneren Kindes.

Männer und Frauen sind doch gleich

Der Schlüssel für eine erfüllte Partnerschaft

Cosima Thiel · 320 Seiten · 18,30 €

Der ewige Kampf der Geschlechter unter Tränen und Einsamkeit wird von Cosima als unnötige Sackgasse entlarvt. Die zauberhafte Geschichte von Kim und Nick führt in ein neues, beglückendes Verständnis füreinander. Beziehungsfallen, in die wir immer wieder hineintapsen, verlieren ihre Wirkung, und die Traumpartnerschaft wird lebbar.

Die Meisterin der Träume

Rachel Violeth · 288 Seiten · 17,90 €

Wie konnte der Psychiater auch ahnen, dass ihn eine Traummeisterin aufsucht! Dieser traumhafte Roman führt zurück an den Punkt der freien Fantasie, das Tor, um ausgetretene Pfade zu verlassen und den eigenen Lebenstraum wieder zu leben. Die Stunde für dieses Buch ist die vor dem Einschlafen.

Lache..., denn Liebe ist Dein wahres Sein!

ReGina Deletz · 186 Seiten · 18,92 €

Ein Muntermacher, um in Alltags- und Beziehungsproblemen eine Chance zu Umkehr und Neuorientierung zu sehen und den Weg zur eigenen Lebensaufgabe in der Freude des Herzens zu finden.

In der Stille hör´ ich Ihn - Gott antwortet Dir wirklich!

Ingolf Haas · 212 Seiten · 18,41 €

... der „N. D. Walsch" aus dem Schwarzwald zeigt, wie nahe Gott jedem ist, und dass wir uns ruhig etwas mehr Vertrauen erlauben dürfen und dabei reichlich belohnt werden. Auch die kleinen Fragen des Alltags finden hier eine Antwort.

Gedanken sind Zugvögel der Seele

Conny Haas · 52 Seiten · 15,24 €

Weisheiten und Bilder zum Nachdenken und Aktivieren der eigenen inneren Fähigkeiten. Ein Buch zum intuitiven Aufschlagen und Wegbegleiter im Alltag als Schlüssel zur Harmoniefindung. Ein Geschenk zur Wertschätzung lieber Menschen.

~Djino~ ...die Reise in eine heile Welt (ab 12 Jahre)

Ingolf und Conny Haas · 56 Seiten · 15,24 €

Eine beglückende Geschichte mit vielen Bildern, für Jugendliche und junggebliebene Erwachsene, die mit einem quirligen Delphin in die tieferen Zusammenhänge des Lebens schwimmen und erkennen, dass Schwierigkeiten im Leben eine freie Zukunft nicht ersticken können. Leichter können Eltern Lebensvertrauen nicht vermitteln.

Jonas Vertrauen - Roman

Werner Dück · 252 Seiten · 14,90 €

Jona (12 Jahre) stellt Fragen, die ihm auf der Seele brennen. Als Erwachsene ausweichend reagieren, erhält er auf ungewöhnliche Weise Antworten, die ihm die Zusammenhänge des Lebens verstehen lassen. Ein fesselnder Roman in leicht verständlicher und bildhafter Sprache. Die Wahrhaftigkeit der Geschichte fasziniert Jung und Alt in gleichem Maße!

Karrieresprünge - Märchenhaftes auf dem Weg nach oben

Werner Dück · 224 Seiten · 14,90 €

Zwei Geschichten mit Tiefgang und Dramtik im Karierestreben: Ein wichtiger Vorstellungstermin und der Aufstieg zweier Freunde zu Fußballstars.
Ein Überraschungs-Geschenk zur Gratulation bei Erfolgen, Jubiläum, Beförderung, Berufswechsel, Elternhausauszug, Prüfung, Vereinsaufstieg, usw. um sich in bleibender Erinnerung zu bringen. Ein Muss für alle Stars und Manager!

Der Zauberspiegel (ab 5 Jahre) · froh & frei 1

Anna Klasen · 80 Seiten · 9,80 €

Anima, ein glückliches Mädchen von einem fremden Planeten ist vom Leiden der Menschen sehr gerührt. Als sie ihnen ihr liebstes Spielzeug, den Zauberspiegel, schenkt, geschehen plötzlich wundersame und bewegende Wandlungen.

Im Regenbogenland (ab 8 Jahre) · froh & frei 2

Anna Klasen · 80 Seiten · 9,80 €

Stella, ein Findelkind aus dem Waisenhaus, hat viele Augenblicke der Einsamkeit in ihrem Leben gespürt. Sie macht sich auf den Weg, um den größten Schatz der Welt zu finden. Ein junger Zauberer, ein Einhorn und eine weise Eule stehen ihr dabei zur Seite.

Die zwei Geheimnisse (ab 7 Jahre) · froh und frei 3

Margit Zwigl · 139 Seiten · 12,90 € · mit farbigen 8 Kinderbildern

Peters Mutter ist eine wunderbare Geschichtenerzählerin und immer dann zur Stelle, wenn Peter Antworten auf drängende Fragen zu seinen Alltagserlebnissen sucht oder Orientierung im Umgang mit seinen Gefühlen finden möchte. In seine neuen Erkenntnisse weiht er gerne auch seinen Teddy ein.

Elinas Reise zu den Sternen (ab 7 Jahre) · froh und frei 4

Nathalie Salem · 98 Seiten · 9,80 €

... will jenen Mut machen, die einen geliebten Menschen verloren haben, und besonders Kindern helfen, den Tod zu verstehen - als Teil des ewigen Kreislaufs von geboren werden, vergehen und neu erstehen, dem Rad des Lebens, dem alles und alle unterworfen sind.

Der grüne Zauberschal (ab 10 Jahre) · froh & frei 5

Gabriela Teichmann · 178 Seiten · 10,90 €

Nach der Trennung der Eltern und den Umzug in eine fremde Stadt muß die 13-jährige Fee sich an der neuen Schule zurechtfinden und das Gefühl tiefer Einsamkeit überwinden. Als die Schul-Theater AG die Aufführung eines Bühnenstücks plant, wäre sie gerne dabei, aber es mangelt ihr an Selbstvertrauen. Da schenkt ihr eine früher berühmte Schauspielerin einen Talisman mit einer geheimnisvollen Geschichte

Wie sich Wünsche erfüllen (ab 7 Jahre) · froh & frei 6

Nina May · 86 Seiten · 9,80 €

Hannes kann Axel gar nicht ausstehen. in seinem Bemühen, Axel auszugrenzen, taucht plötzlich unter seiner Bettdecke ein Universumswichtel auf, der ihn in das Geheimnis der Wunscherfüllung einweiht. Beglückend, wenn Feinde zu Freunden werden!

Die Münze Nuria (von 8-108 Jahre)

Silvia Führer · Hardcover · 112 Seiten ·mit 41 farbigen Illustrationen · 14,90 €

Ein wahrer Glückspilz, wer der glänzenden Nuria begegnet! Voller Sympathie, Neugierde und Mut zeigt sie, wozu sie gerne auf der Welt ist: Um allen Menschen zu bringen, was sie brauchen. Dieser einzigartige Märchenroman vermittelt aus einer völlig neuen Perspektive den spannenden und verantwortungsvollen Umgang mit Geld und macht die Erzählung zu einem anregenden Familienvergnügen

Zum Heilen berufen

Solaya Beatrice Scherrer · 176 Seiten · 13,80 €

Die ungewöhnliche Liebe zu einem philippinischen Geistchirurgen führt Solaya zu ihrer wahren Berufung. Noch heute nehmen Menschen am Blütenduft seine Nähe wahr. Für Menschen mit der Sehnsucht zum Heilen/Heilwerden und alle, die ihre Lebensberufung erkennen möchten.

Die Pentagramm- und Karmadiagnose

A, Wagener Gimeno · 224 Seiten · 22,60 €

Kennst du deine wirkliche Lebensaufgabe, deine mitgebrachten Stärken und zu überwindenenden Schwächen? Hier ist eine einfache Diagnoseanleitung, klarer als jedes Horoskop, die viel Leid ersparen kann. Für Dedektive in eigener Sache!

Holistisch Heilen

Reinhold Schneider · 430 Seiten, Großformat · Hardcover · 28,65 €

Ein Heilpraktiker zeigt die Vielfalt und Anwendung der ganzheitlichen Therapie auf den

5 Ebenen des Menschen (körperlich, energetisch, emotional, mental, spirituell) auf. Für Heilpraktiker und Laien mit Interesse zur Gewinnung eigener Gesundheitskompetenz.

Himmel auf Erden

Reinhold Schneider · 589 Seiten · 20,35 €

Der Roman vom wilden Grafen Hardenberg, der mit Ausflügen in uralte Vergangenheit und durch Visionen aus der Zukunft endlich seine Sehnsucht nach der wahren Liebe erlöst. Er findet dabei den Schlüssel zur Gestaltung einer glücklichen Welt ohne Mangel. Der Traum vom goldenen Zeitalter darf Wirklichkeit werden. Willst Du dabeisein?

Des Käfigs Tür

Thorsten Dunkel · 89 Seiten · 10,12 €

Die Suche eines Künstlers nach der Freiheit in der Toscana, die Mut macht, endlich die Fesseln der Gewohnheit zu sprengen. Eine ideale Urlaubslektüre - oder zu einem guten Wein.

Kontaktaufnahme

Thorsten Dunkel · 7,67 €

30 Kunstmotive als Postkarten, die auch einladen zur meditativen Betrachtung, um innere Spannungen zu erkennen und aufzulösen.

Mitvertrieb aus Fremdverlagen:

Die Glückstrainer

Ella Kensington · Hardcover · 399 Seiten · 21,60 €

Eine lockere, hochwirksame Anleitung, um auch anderen Menschen beim Glücklichwerden zu helfen.

Glücksgefühle bis zum Abwinken

Ella Kensington · Hardcover · 128 Seiten · 9,90 €

10 Methoden, mit denen man sich Glücksgefühle in unbegrenzter Intensität machen kann. Etwas wie „verliebt ohne Ende“ oder „nur so sprühen vor Begeisterung“ ist jetzt so einfach wie noch nie!

Glücksmomente

Ella Kensington · Hardcover · 208 Seiten · 13,60 €

Unglaublich, aber wahr! Eine einzige Übungsmethode genügt, um alle Widrigkeiten des Lebens zum „Wiederglücklichsein“ wandeln zu können.

Mein Weg zum Glück

Thomas Klüh (Mitglied des Ella Kensington Teams) · 184 Seiten, Hardcover · 14,90 €

Eine wahre Liebesgeschichte, wie man von einem Leben voller Ausgrenzung und Ablehnung zu einem Leben voller Liebe und Glücksgefühlen kommen kann.

Das Lehrbuch des Lebens

Martin Kojc · 181 Seiten, Großformat · 38 €

Eine zeitlose Kostbarkeit! Ein einfacher und wirkungsvoller Weg, sich die „schöpferische Urkraft des Lebens“ zur dauerhaften Steigerung der Gesundheit und des Lebensglücks nutzbar zu machen. Alle Zweifel daran werden eindeutig widerlegt.

Selbstheilung nervöser Leiden

Martin Kojc · 72 Seiten, Großformat · 24 €

Verhaltensmuster, die zu unerwünschten Wirkungen führen, können durch das spielerische Einüben besserer Gewohnheiten leicht verändert werden.

Der Weg zum Glück

Martin Kojc · 216 Seiten, Großformat · 38 €

Der Autor spricht mit diesem Werk zu all jenen, die sich schon bewusst an jene Kräfte im Menschen zu wenden wünschen, die ein reales seelisches und körperliches Wohlbefinden hervorzuzaubern imstande sind

Hinter den Kulissen wird die Welt verändert

Wayne S. Peterson · 201 Seiten · 10,20 €

Die wahre Geschichte eines US-Diplomaten voller Mut und Überzeugungskraft, der die erfreuliche Nachricht überbringt, dass uns eine vielversprechende Zukunft mit persönlicher Freiheit erwartet.

Die Entstehung der Realität

Jörg Starkmuth · 348 Seiten, Hardcover · 22,90 €

Wenn du dein Physikwissen locker um Relativitätstheorie und Quantenmechanik erweitern möchtest, gelingt dir hier auch noch, dich selbst neu zu verstehen und deine phantastischen Möglichkeiten zu nutzen. Widersprüche lösen sich spektakulär auf.

Erfolgsgefühle

Thomas Klüh · Hardcover · 184 Seiten · 12,95 €

Eine hochwirksame Anleitung, um die entscheidende Kraft deiner Gefühle zum persönlichen Erfolg einzusetzten. Wie lässt sich Gedächtnisverlust vermeiden? Wer weiß, wie sein Gehirn funktioniert, kann mit dem Lebensspaß jetzt beginnen!

Leide nicht - Liebe. Über die Liebe zur Liebe ohne Objekt

Werner Ablass · Hardcover · 198 Seiten · 10,80 €

Wie du dich mit einer einzigen Grundeinstellung in die höchste Schwingung heben und Ereignisse wie Erfolg, Harmonie und Glück automatisch in dein Leben ziehen kannst.

Ohne Schwerkraft - Das Floating Erlebnis

Spezial Edition · 120 Seiten · 9,80 €

...ist das erste deutschsprachige Buch über die fantastischen Wirkungen beim Schweben im Salzwassertank!

Das unpersönliche Leben

120 Seiten · 12,50 €

Wenn du glaubst, eine Seele zu haben - sie aber bisher nicht zu dir sprach. In diesem Buch erfüllt sie diesen Wunsch - so du dich traust!

Jetzt! - Die Kraft der Gegenwart

Eckhart Tolle · 240 Seiten · 19,50 €

... schließt die Hintertürchen des raffinierten Egos. Bestechend einfach - ein Geheimtip für alle, die endlich ihr wahres Selbst leben möchten! Ein Weg aus der Ohnmacht zur eigenen Macht.

Geplante Bücher:

Verloren im Labyrinth

Alternative Therapie für manisch-depressive Menschen.

Wolfgang Baitz

Der Autor zeigt seinen Weg aus einem scheinbar unheilbaren Zustand in ein freies Leben ohne Medikamente und weckt Erkenntnis für den bereichernden Wert zu Unrecht ausgegrenzter Mitmenschen. Nur Abrufbar unter: http://www.manisch-depres-siv.de

„Das Herz der Welt heilen“

Reinhold Schneider

Das Integrationsbuch zu Himmel auf Erden. Es ist an der Zeit, so die Auffassung des Autors, eine Welt zu gestalten, in der es sich wieder lohnt zu leben. Auf Grundlage der chinesischen "Fünf-Elemente-Lehre" und der Archetypen C.G. Jungs zeigt er seinen Lesern Methoden auf, ausgleichende Aspekte in sich zu integrieren, die sich letztendlich auch im kollektiven Unbewußten bemerkbar machen.

...und die Welt geht auf

Reinhold Schneider

Fortsetzung des Werdegangs von Raimon und die Entwicklung von „Himmel auf Erden“

Ein Tagebuch Gottes

Ingolf Haas

Das Plaudern mit Gott wird zu einer lockeren Gewohnheit. Ein Ratgeber, um in vielen Lebenssituationen immer mehr mit dem Herzen denken zu lernen und seine Lebensenergie stark zu halten.

Vorbestellungen werden gerne entgegengenommen.

Verlag und Bestellung:
froh & frei Verlag - Franz Cramer GmbH + Co. KG
Stehfenstr. 63
59439 Holzwickede
Telefon 02301/4410
Telefax 02301/940025
Info@frohundfrei-verlag.de
www.frohundfrei-verlag.de

Das CreatorGoods-Zeichen (G) - als neues Markenzeichen für Schöpfer-Produkte - soll die Freude an der eigenen Schöpfung zum Ausdruck bringen. Es soll zeigen: Hier ist aus einem persönlichen Prozess heraus und mit bewusster Absicht etwas Neues entstanden und in dieser dreidimensionalen Welt sichtbar geworden. Nun darf es sich frei in die Welt hinein ausdehnen. Dieses Symbol fügt einer Schöpfung gewissermaßen die Komponente der Neuen Energie hinzu. Das (G) bedeutet ebenfalls, dass der Urheber die Verantwortung für seine eigene Schöpfung anerkennt und stolz darauf ist. Die Menschen, die es betrachten, stellen auf einer inneren Ebene eine Verbindung zu den Potenzialen der Neuen Energie her, die hierin enthalten sind. Dann können sie frei wählen, ob sie dieses Potenzial für sich nutzen möchten oder nicht.

Das (G) gründet auf einer Idee von Geoffrey Hoppe, dem Channeler von Tobias und Begründer des Crimsoncircle (www.crimsoncircle.com). Es ist mir eine Freude, dieses Buch - neben vielen anderen Schöpferprodukten - in die Liste der CreatorGoods auf obiger Homepage eintragen zu lassen.